乡村人才振兴·农民科学素质丛书

新型农业经营主体带头人手册

主　编　冯雪彬　黄智斌　闫玉娟

内蒙古科学技术出版社

图书在版编目（CIP）数据

新型农业经营主体带头人手册 / 冯雪彬，黄智斌，闫玉娟主编. — 赤峰：内蒙古科学技术出版社，2023.8
（乡村人才振兴·农民科学素质丛书）
ISBN 978-7-5380-3606-0

Ⅰ. ①新… Ⅱ. ①冯… ②黄… ③闫… Ⅲ. ①农业经营—经营管理—中国—手册 Ⅳ. ① F324-62

中国国家版本馆 CIP 数据核字（2023）第 140253 号

新型农业经营主体带头人手册

主　　编：冯雪彬　黄智斌　闫玉娟
责任编辑：马洪利
封面设计：光　旭
出版发行：内蒙古科学技术出版社
地　　址：赤峰市红山区哈达街南一段4号
网　　址：www.nm-kj.cn
邮购电话：0476-5888970
印　　刷：涿州汇美亿浓印刷有限公司
字　　数：156千
开　　本：710mm×1000mm　1/16
印　　张：8
版　　次：2023年8月第1版
印　　次：2023年8月第1次印刷
书　　号：ISBN 978-7-5380-3606-0
定　　价：32.80元

《新型农业经营主体带头人手册》

编 委 会

主　编　冯雪彬　黄智斌　闫玉娟

副主编　车　强　于　淼　李　伟　张建英　宋荣华
刚海明　罗　晔　张勇荣　尚延宏　王彦成
胡伟军　汪宏伟　周卫海　李　倩　杨会利
花学军　连海平　戈振周　李飞燕　李小轩
蓝宗林　毕肇云　刘伟春　李文杰　刘文峰
刘　捷　孙　荣　杨　玲　杨运朝　李　伟

编　委　杨礼惠　殷建平　刘振华　周佳翎　从雪楠
黄　海

前　言

PREFACE

自实施乡村振兴战略以来，随着一系列推进现代农业发展和提升农业经营主体组织化程度的政策法规出台，新型农业经营主体的组织布局发生了很大的变化。农业经营主体已由家庭经营农户占主导的格局向现阶段多元化经营主体并存的格局转变。一大批以农民合作社、家庭农场、专业大户、农业产业化龙头企业为主要形式的新型农业经营主体已经出现，并成为发展现代农业的生力军和引领力量，对其他企业起到了较好的带动和帮扶作用。

本书共七章，分别是新型农业经营主体概论、新型农业经营主体带头人的素质、家庭农场、专业大户、农民专业合作社经济组织、农业产业化龙头企业、农业社会化服务。本书围绕农民培训，以满足农民朋友生产需求为目标，重点介绍了新型农业经营主体带头人的基础知识。本书语言通俗易懂，内容深入浅出，实用性强，适合广大农民、基层农技人员学习和参考。

由于编者水平有限，加之时间仓促，书中不妥之处在所难免，恳请广大读者不吝指正。

编　者

2023 年 4 月

目 录

CONTENTS

第一章

新型农业经营主体概论

第一节　新型农业经营体系概述

一　新型农业经营主体

新型农业经营主体的概念

新型农业经营主体是指在完善家庭联产承包责任制的基础上，有文化、懂技术、会经营的职业农民和具有大规模经营、较高集约化程度和市场竞争力的农业经营组织。

新型农业经营主体主要包括专业大户、家庭农场、农民专业合作社、农业龙头企业以及其他经营性农业社会化服务组织。应加快推动新型农业经营主体的高质量发展，以利于完善基础制度、加强能力建设、深化对接服务、健全指导体系，全面推进乡村振兴，加快农业农村现代化。

农业经营主体需具备的条件

- 拥有或者掌握一定规模的土地、设备、资金等资产和一定数量的劳动力。
- 具有一定的经营知识、经验和能力。
- 能自主经营、自负盈亏、独立承担法律责任。

二 新型农业经营主体的特点

以市场化为导向

农产品生产自给自足,依照农产品市场需求提供相应的生产和服务。

以专业化为手段

集中于农业生产的某一个或少数几个领域或品种，开展生产经营活动。

以规模化为基础

通过专业化的农业生产，以实现对资源的充分利用，扩大经营规模，提高经济收益。

以集约化为标志

集中资金、技术、信息、装备、人才等各方面的优势，以较高的生产技术、经营管理水平和装备条件来提高劳动生产率、土地产出率和资源利用率。

三 新型农业经营体系的概念

新型农业经营体系的概念

新型农业经营体系是指集专业化、组织化、集约化、社会化于一体的农业经营体系。专业大户、家庭农场、农民合作社和农业产业化龙头企业等新型农业经营主体共同构成了新型农业经营体系，但在现代农业中各自具有不同的定位。

专业大户和家庭农场主要承担农产品生产的功能，对小规模农户具有示范效应，带动传统农户采用先进技术和生产手段，增加资本和技术等生产要素的投资。

农民合作社能发挥带动散户、组织大户、对接企业、联结市场的功能，进而提升农民组织化程度。

农业产业化龙头企业具有技术、资金、人才、设备优势，能够实现先进生产要素的集成，承担着农产品加工和市场营销方面的功能，为农户提供产前、产中、产后的各类服务。

四 农业经营体系的演变过程

第一阶段 1978年党的十一届三中全会召开，普遍推行以家庭联产承包责任制为主要内容的农村经济体制改革，1983年年底实行包干到户的农户占全部农户数量的98%。

第二阶段 1991年《中共中央关于进一步加强农业和农村工作的决定》提出，把以家庭联产承包为主的责任制、统分结合的双层经营体制作为我国乡村集体经济组织的一项基本制度长期稳定下来，并不断充实完善。

第三阶段 1998年党的十五届三中全会通过的《中共中央关于农业和农村工作若干重大问题的决定》提出，要长期稳定以家庭承包经营为基础、统分结合的双层经营体制。家庭承包经营是集体经济组织内部的一个经营层次，是双层经营体制的基础，家庭经营具有广泛的适应性和旺盛的生命力，必须长期坚持。

第四阶段 2008年党的十七届三中全会通过的《中共中央关于推进农村改革发展若干重大问题的决定》提出，推进农业经营体制机制创新，加快农业经营方式转变。家庭经营要向采用先进科技和生产手段的方向转变，着力提高集约化水平；统一经营要向发展农户联合与合作，形成多元化、多层次、多形式经营服务体系的方向转变，着力提高组织化程度。

第五阶段 党中央、国务院高度重视“三农”工作，党的十九大作出了实施乡村振兴战略的重大决策部署，提出发展多种形式的适度规模经营，培育新型农业经营主体，建设现代农业。2017年12月13日，国务院常务会议专题审议了新型农业经营主体培育有关工作，明确培育新型农业经营主体、加快发展现代农业是落实党的十九大精神、实施乡村振兴战略的重要内容，提出了今后一段时期新型农业经营主体的发展方向和扶持的政策举措。

五　新型农业经营体系的构成

专业大户和家庭农场

专业大户和家庭农场是指以家庭成员为主要劳动力，面向市场从事集约化、专业化、标准化生产经营，以务农为家庭收入主要来源的农业生产经营组织。

农民合作社和股份合作社

农民合作社是指由同类农产品的生产经营者或生产经营服务的提供者、利用者，实行自愿联合、民主管理的互助性经济组织。股份合作社是指由农民以土地或资产入股方式组建起来的合作性经济组织。

农业产业化龙头企业和公司制经营方式

农业产业化龙头企业主要从事农产品生产、加工或流通，并通过各种利益联结机制与农户相联系，农产品生产、加工、销售能有机结合，实行一体化经营。公司制经营方式具有产权明晰、治理结构完善、管理效率较高、技术装备先进、融资和抗风险能力较强、产品附加值高等基本特征。

公益性服务组织和经营性服务组织

许多专业大户、农民合作社、龙头企业也都不同程度地为农户提供生产经营服务。它们既是经营性服务组织，又是公益性服务组织。

六 新型农业经营体系的框架结构

新型农业经营体系是指以家庭承包经营为基础，以新型农业经营主体为核心，以农业社会化服务和农村金融服务为支撑的立体式、复合型的现代农业经营体系。

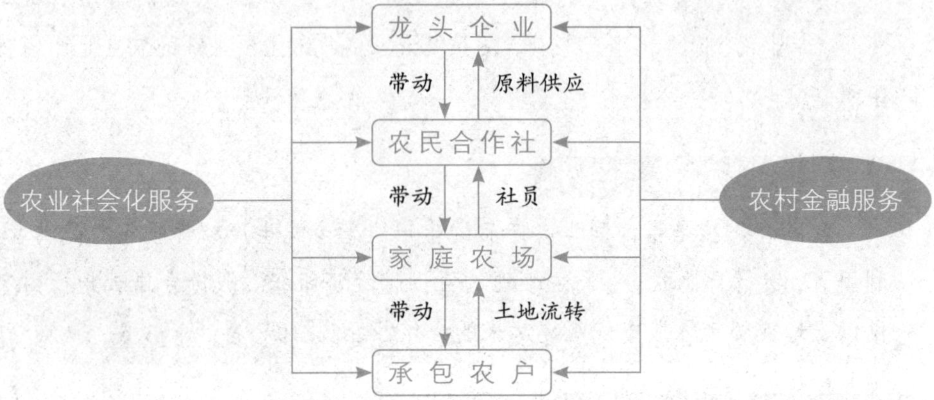

专业大户、家庭农场

专业大户、家庭农场是在家庭经营基础上发展起来的新的农业经营主体，是构建新型农业经营体系的骨干，是商品农产品特别是大田作物农产品的主要提供者，是发展合作经营的核心力量。

农民合作社

农民合作社是以家庭经营为基础、由农户联合与合作组织起来的农业经营组织形式，是构建新型农业经营体系的中坚，是引领家庭经营主体参与国内外市场竞争的重要力量，是联结各类农业经营主体的桥梁和纽带。

农业企业化经营

农业企业化经营是从事农产品运销、贮藏、加工过程中发展起来的农业经营方式，是构建新型农业经营体系的引领力量，是分散经营有效对接社会化大市场的重要平台，是带动其他经营主体分享产业链增值收益的核心力量。

农业社会化服务和农村金融服务

这是为农业经营主体提供生产服务和融资服务的组织体系，是构建新型农业经营体系的主要支撑，是维系其他农业经营主体健康发展不可或缺的重要依托，是推进现代农业发展的基本保障。

第二节　积极培育新型农业经营主体

一　培育新型农业经营主体的重点任务

发展多种形式规模经营

鼓励土地承包经营权向专业大户和家庭农场流转，发展多种形式规模经营。提高农村土地流转管理服务水平，鼓励农民承包地向专业大户和家庭农场流转。

发展多种形式的新型农民合作组织

按照“积极发展、逐步规范、强化扶持、提升素质”的要求，大力发展多元化、多类型的农民合作组织：一是规范发展专业合作社，二是稳步发展土地股份合作社，三是鼓励发展农民合作社联合社，四是引导合作社开展内部信用合作。

建立和完善利益联结机制

按照“优化配置、集约经营、规模发展、整体推进”的思路，进一步培育壮大龙头企业：一是做大做强龙头企业，二是完善与农户的利益联结机制，三是引导工商资本到农村发展适合企业化经营的种养业。

培育发展多元服务主体

按照“主体多元化、服务专业化、运行市场化”的方向，加快构建公益性服务与经营性服务相结合、专项服务与综合服务相协调的新型农业社会化服务体系：一是继续强化农业公益性服务体系，二是加快培育农业经营性服务组织，三是不断创新农业社会化服务方式，四是创建农业社会化服务示范县。

二 培育新型农业经营主体的主要对策措施

深化农村土地制度改革

推动农村土地制度的改革。在坚持和完善农村原有基本经营制度的基础上，推行农村集体土地承包权和经营权的二次分离。加快推进土地确权登记颁证工作的进度，以不动产统一登记为契机，全面明晰和确认农村集体土地所有权和承包经营权。

建立农村土地产权交易市场

市场是实现土地资源配置的最有效的形式。规范农村集体土地经营权的抵押、流转的秩序，实现对农村集体土地资源的合理配置，建立农村土地产权交易市场。

积极培育新型农业经营主体

构建新型农业经营体系，积极培育新型农业经营主体，包括种养大户、家庭农场、农民合作社、农业产业化龙头企业。

培养造就新型职业农民队伍

不仅要求农民具有一定的文化水平，还要求农民懂一些专业的生产技术和市场经济常识以及一定的管理知识、会计知识和营销知识。

第二章

新型农业经营主体带头人的素质

第一节 新型农业经营主体带头人的基本素质

一 新型农业经营主体带头人的基本素质

- 有良好的职业道德，遵守职业规范和要求，有高度的敬业精神和责任感。
- 有很强的个人魅力，为人忠诚正直，重承诺、守信用，处事公正，具有宽广的胸襟。
- 有良好的心理素质，自信，不怕挫折失败，百折不挠，勇于承担责任。
- 有现代农业发展理念和互联网农业的职业习惯。

二 新型农业经营主体带头人的个人能力

思考力

新型农业经营主体带头人要勤于思考，要善于思考。

组织策划能力

具有组织人力、物力和财力完成任务的能力，能够精心策划，合理安排人员具体执行，追求效益最大化。

沟通协调能力

能够善于沟通、有效沟通，从而化解矛盾、解决问题。

洞察力和判断分析能力

有敏锐的洞察力，不放过任何问题；能合理分析问题，并提出改善方案。

执行力

贯彻既定策略、方针，负责组织、安排、指导、检查、考核，从上到下，层层落实，不折不扣。

驾驭人的能力

注重选人用人，合理分工。能够发现每个员工的优点，因才任用，人尽其才，并尽最大可能为他们提供发挥和发展其长处的条件。

善于处理危机或突发事件的能力

在碰到危机事件、突发事件时，能够综合运用各种能力，运筹帷幄，从容应对，化解危机。

时间管理能力

合理安排自己的工作，有效管理自己的时间。

果敢的决策力

在工作推进中，遇到问题，因事因人而定，会激励大家同舟共济，攻坚克难，讲求效率。

三 新型农业经营主体带头人的精神

1. 诚实守信

从经商的角度看，诚信主要有以诚待客、货真价实、公平买卖、信守合同、偿还借贷、不做假账等。诚信是新型经营主体从事一切活动的根本。新型经营主体要取得可持续发展，就必须诚信做人、诚信做事、诚信经商，要具有很强的诚信意识，才能争取更多的合作伙伴、更多的消费者和更大的市场发展空间。

因失信丧生

济阳有个商人过河时船沉了，他抓住一根大麻秆大声呼救。有个渔夫闻声而至。商人急忙喊："我是济阳最大的富翁，你若能救我，给你100两金子。"待被救上岸后，商人却翻脸不认账了。他只给了渔夫10两金子。渔夫责怪他不守信，出尔反尔。商人说："你一个打鱼的，一生都挣不了几个钱，突然得10两金子还不满足吗？"渔夫只得怏怏而去。不料想后来那商人又一次在原地翻船了。有人欲救，那个曾被他骗过的渔夫说："他就是那个说话不算数的人！"于是商人被淹死了。

故事启发　商人两次翻船而遇同一渔夫是偶然的，但商人的不得好报却是在意料之中的。因为一个人若不守信，便会失去别人对他的信任，所以一旦他处于困境，便没有人再愿意出手相救。失信于人者，一旦遭难，只有坐以待毙。

2. 遵守契约

现在的市场经济是一种契约经济。在农业生产中，现在越来越多的经营需要签订合同。合同就是保证买卖双方利益的契约。一方面，我们强调市场经济是法治经济，用法律的手段来维护市场的秩序；另一方面，我们还必须用道德的力量，以诚信的道德觉悟来维护正常的经济秩序。

"一诺千金"的故事

秦末有个叫季布的人，一向说话算数，信誉非常好，许多人都与他建立起了浓厚的友情。甚至当时流传着这样的谚语："得黄金百斤，不如得季布一诺。"后来，他得罪了汉高祖刘邦，被悬赏捉拿。结果他的旧日朋友不仅不被重金所惑，而且冒着灭九族的危险来保护他，使他免遭祸殃。

故事启发　一个人诚实有信，自然得道多助，能获得大家的尊重。反之，如果贪图一时的安逸或小便宜，而失信于朋友，表面上是得到了"实惠"，实则毁了自己的声誉，而声誉相比于物质重要得多。失信于朋友，无异于丢了西瓜捡芝麻，得不偿失。

3. 科学技术

科技是第一生产力，农业生产必须依靠科技进步。新型农业经营主体在生产过程中的种植、养殖、贮藏、加工、销售各个环节，如品种选择、水肥药管理、贮藏温湿度控制、加工工艺流程、销售渠道选择等，都不能想怎么做就怎么做，必须按照科学的方法和规范的流程去落实。只有这样，才能保证新型农业经营主体在生产过程中规避各种风险，所生产的产品才能符合市场和消费者的需求。

新型农业经营主体带头人不仅要善于运用农业科技，同时还是实用技术的研究者和贡献者。近些年来，涌现出不少农民育种专家、农业机械发明家，大量的新设施、新栽培方法、新的管理技术都是出于“田秀才”之手。各类新技术、新理念都是在新型农业经营主体带头人这里汇集、实验、扩散，新型农业经营主体带头人应该成为农业实用技术推广与应用的带头人。

4. 管理意识

管理出效益。管理的主体是人。管理的目的是调动参与者的积极性，发挥人、财、物的最大效用。管理的主要内容包括人员、设备、物资、规划、资金和环境等方面，涉及生产、运输、加工、贮藏和流通等环节。管理是一项复杂和细致的系统工程，是一个动态过程。管理需要结合实际适时作出调整，管理水平高的新型农业经营主体生命力相对旺盛。

5. 质量意识

质量是企业的生命。新型农业经营主体也是一样，生产的是农产品，也可以说是食物或者食物的原材料或者加工成品，这些产品的质量好坏决定了消费者的接受程度。目前，人们对产品的品质和质量要求越来越高，新型农业经营主体经营的产品必须靠质量取胜。

6. 品牌意识

品牌代表一个新型农业经营主体的形象。品牌是一种识别标志，一种精神象征，一种价值理念，是优异品质的核心体现。消费者对品牌认可度越高，其市场占有率就越高，品牌效应就越强。

7. 市场意识

市场是一个大舞台，新型农业经营主体完全可以成为这个舞台的主角。市场的作用就是优化资源配置，通过竞争，优胜劣汰。所以，只有不断适应市场，强化市场意识和竞争意识，抓好产前、产中、产后服务，不断改进和提高产品质量，主动接受市场的洗礼，才能永立潮头。

8. 文化意识

企业文化是一个企业的灵魂，也是一个企业的精神和价值体现。企业文化一般包括经营哲学、价值观念、企业精神、企业道德、团体意识、企业形象、企业制度、文化结构和企业使命等内容。具有较高层次企业文化的新型农业经营主体，其公众形象、公众态度、公众舆论和品牌美誉度都可得到很大的提升。

9. 创新意识

创新理念是指企业或个人打破常规，突破现状，敢为人先，敢于挑战未来，谋求新境界的思维定式。创新的前提是对现状的不满足或者适应市场竞争的需要。创新是建立在对市场规律和本行业发展前景正确把握的基础上。新型农业经营主体需要有强烈的创新意识，敢于创新思路、创新管理、创新方法、创新模式、创新文化、创新技术，才能将自己的产业做大、做强、做优。

第二节 新型农业经营主体带头人的经营理念

并不是每个人都能成为带头人，新型农业经营主体带头人要具有良好的经营理念。

一 有大格局

所谓大格局，就是做人豁达，处理问题有一定高度，不局限于自己团体的利益，而是着眼于整个公司的利益；不计较个人恩怨，不计较小问题，不患得患失，有气度。如果带头人总是唯唯诺诺或出尔反尔，本身就是一种不成熟的表现。

二 有大胸怀

1. 多关心别人

有的带头人自以为很了不起，因此喜欢让人奉承，动不动就支使别人、教训别人，并认为这是天经地义的。这样的人其实根本不适合当带头人，因为他并不懂“水能载舟，亦能覆舟”的道理。

2. 真心对待别人

带头人要用真心对待员工，要像对待自己的兄弟姐妹一样。你付出真心，回报你的一定也是真心：如果你付出的不是真心，你得到的回报也绝不会是真心。“人心换人心”，这是一个很简单的道理。只有真心对待每一位员工，才会得到员工对企业的绝对忠诚。

3. 信任别人

有的带头人喜欢大包大揽，有的带头人对别人的能力表示怀疑，这样的团队业绩一定不会突出。因为不信任会导致集体的工作能力变弱，前进的脚步就会相应变慢，所以信任别人其实就是信任团队，不信任别人就是不信任团队。

三 有个人气场

1. 不戴有色眼镜看下属

一些带头人由于长期处于领导地位，会对下属的能力、进步变得漠不关心或熟视无睹，总是以老眼光看待下属。即使下属取得了明显的进步，也在潜意识里把他列入老行列，在工资待遇、评优等方面不予考虑。这样做不仅会极大地伤害下属的积极性，也损害了自己在下属心目中的威望。

2. 关心下属的职业生涯规划

作为带头人，一定要明白，每一个下属都希望得到更好的待遇、更好的发展，过上更好的生活。聪明的带头人会考虑下属的职业晋升规划，会替下属规划好职业前景，该提升的时候会适时提升，永远让下属充满希望。

3. 建立和谐的文化

员工的生活层面与带头人的生活层面肯定是不同的。因此，带头人不要总是站在自己的角度考虑问题，而要站在下属的角度考虑问题，切实为他们解决一些实际困难；要关心下属的发展，为他们谋求更大的发展空间。

四 精细管理

精细管理不是烦琐管理、复杂管理，不是“只见树木，不见森林”，更不是“眉毛胡子一把抓”。精细管理也不是简单地关注细节，片面地注重量化，而是应从系统的角度出发，抓住那些给企业真正带来效益的关键环节。

1. 抓好执行环节

企业有一套完整的管理制度。如果执行过程中出现较多随意的成分，存在“差不多”“还凑合”等思想，最终的效果就会大打折扣，所以务必要抓好执行环节。一是提高对执行者的要求，通过绩效考核等手段，使其能在执行中达到平均线，锁定标杆线，争创创新线；二是强化执行者的精细管理意识；三是建立制度体系，对执行予以规范。

2. 精细见于数据

精细管理的最重要体现就是数据化。数据“看得见、摸得着、说得出”，最有说服力。实现企业的精细管理就需要对各项业务用数据明确目标，确定工作计划，保证执行得精确。一是完善各类数据的收集和积累，形成参照物；二是将工作计划依照基础数据量化为具体的数字和程序；三是按照“五确认，一兑现”不折不扣地落实。

3. 把小事做细，把细事做透

在工作中，没有一件事情不值得去做，也没有一个细节可以被忽略，这应该成为企业和职工日常工作的原则。只有脑海里有这样的思想，才能时刻提醒自己，始终让自己处于正确的路线。另外，只有每个人都安心本职工作，做好每个细节，做好每件小事，具有认真做事、踏实做事的职业态度和职业习惯，才能将工作做得更好。

五　有责任心

1. 环保可持续

带头人应注重环境保护和可持续发展，采用绿色生产方式，减少农药和化肥的使用，提倡有机农业和生态农业，保护农田水源和生物多样性。

2. 创新驱动

带头人应积极应用科技创新，采用先进的农业技术和管理方法，提高农业生产效率和质量。通过引入新的种植、养殖和加工技术，不断提升农产品的附加值和市场竞争力。

3. 农民利益至上

带头人应关心农民的利益，尊重农民的权益，与农民建立良好的合作关系。通过合理的收购价格和合作模式，提高农民的收入水平，帮助农民改善生活条件，增强他们的发展动力和归属感。

4. 资源协调利用

带头人应注重土地、水资源和劳动力的合理配置和协调利用，优化农业生产结构，提高资源利用效率。通过推动农业产业链的整合和农产品的加工和销售，实现资源最大化利用和经济效益最大化。

5. 社会责任担当

带头人应承担社会责任，关注农村发展和农民的福祉。积极参与当地社会公益事业，关注农村教育、医疗和基础设施建设，为农村地区的可持续发展做出贡献。

总之，新型农业经营主体带头人的经营理念应当综合考虑经济、社会和环境的可持续发展，通过创新和合作，实现农业产业的高质量发展，促进乡村振兴和农民增收致富。

第三节　促进新型农业经营主体发展

发展新型农业经营主体和社会化服务，发展农业适度规模经营，重点加强新型农业经营主体带头人培训，为新征程上加快由农业大国向农业强国迈进创造了有利条件，夯实了发展基础。要坚持把加快培育新型农业经营主体作为一项重大战略，以内强素质、外强能力为重点，突出抓好农民合作社和家庭农场两类农业经营主体发展。

一 全力推动新型农业经营主体加速成长

健全法律制度体系

《中华人民共和国农民专业合作社法》完成修订，丰富了联合合作内容和成员出资形式，确立了联合社法人地位，合作社及联合社纳入统一的市场主体登记管理框架。全国已有23个省份出台了农民专业合作社地方性法规，基本形成了支持引导农民合作社发展的法律法规体系。建立家庭农场名录管理制度，家庭农场名录库实现部、省、市、县、乡五级联动管理，加快家庭农场信息共享。

完善支持政策体系

农业农村部制定出台培育家庭农场、促进农民合作社规范发展等一系列具体政策和措施。启动新型农业经营主体提升行动，着力完善基础制度、加强能力建设、深化对接服务、健全指导体系，推动新型农业经营主体由数量增长向量质并举转变。

推动社企对接

按照市场主导、优势互补、合作共赢的原则，整合社会资源，搭建公共平台，引导各方面社会力量为新型农业经营主体提供全产业链综合服务。实施“耕耘者”振兴计划，重点加强新型农业经营主体带头人素质能力培训。

二 新型农业经营主体发展取得明显成效

产业类型持续拓展

新型农业经营主体从事种养业，生产和经营的范围涵盖粮棉油、肉蛋奶、果蔬茶等主要农产品。农机植保服务类合作社、农业服务业的家庭农场数量保持增长态势。新型农业经营主体开展电子商务、休闲农业和乡村旅游等新产业新业态的势头也十分强劲。

服务功能不断增强

农民合作社利用生产资料采购、产品供给的规模优势，提供产销一体化服务。

联合合作加快发展

农民合作社加强社际联合，通过共同投资、共创品牌，实现收益共享。通过组建家庭农场协会、家庭农场联盟，加强行业自律和自我服务。

稳粮扩油成效突出

全国种粮合作社占新型农业经营主体总数的1/3。2022年，近4万家新型农业经营主体共完成46%的全国大豆玉米带状复合种植面积，在稳粮扩油中发挥了骨干作用。

三　深入开展新型农业经营主体提升行动

以数字化为手段提升新型农业经营主体规范化水平

综合运用新型农业经营主体数据资源和现代信息技术，推动新型农业经营主体规范发展；加强基础制度建设；指导新型农业经营主体健全完善规范高效的内部管理制度，建立合理的收益分配制度，强化同农民的利益联结。

建立健全新型农业经营主体指导服务体系

坚持政府引导和市场主导相结合，按照贴近农民、服务便捷、专业有效的要求，建立健全多层级、多元化、多类型的新型农业经营主体指导服务体系。实施“千员带万社”行动。探索建立备案管理、监督考核、动态调整等机制，引导新型农业经营主体服务中心规范有序发展。

以社企对接为平台，增强新型农业经营主体竞争力

持续强化社企对接，通过服务模式创新、技术应用创新，推动农业经营增效。加强新型农业经营主体带头人培训。鼓励各地把信贷、保险、科技、物流、网络零售、农产品加工等各类优质企业纳入社企对接合作机制，鼓励企业在建试验示范园区、技术推广中心、直采供应基地时与新型农业经营主体开展合作，面向新型农业经营主体提供覆盖全产业链条的产品和服务。

以试点示范为抓手，发挥新型农业经营主体引领带动作用

持续开展试点示范创建，深入开展示范社四级联创，加强动态监测，鼓励各地创建示范家庭农场，总结和推广农民合作社质量提升整县推进试点经验，引领新型农业经营主体因地制宜探索发展模式，促进新型农业经营主体规范发展。

以稳粮扩油为目标，夯实新型农业经营主体保供基础

引导新型农业经营主体和社会化服务组织通过开发冬闲田、整治撂荒地、合理轮作倒茬等方式，加快培育粮油类新型农业经营主体。引导各地择优遴选种植规模大、技术装备适宜、带动能力强的粮油类农民合作社、家庭农场作为重点主体，带动技术、人才、资金、装备等要素集聚。

第三章

家庭农场

第一节　家庭农场概述

一　家庭农场的定义

家庭农场的概念

家庭农场是指以家庭成员为主要劳动力，以农业收入为主要来源的农业经营单位。以家庭成员为主要劳动力，从事农业规模化、集约化、商品化生产经营，并以农业收入作为家庭主要收入来源。新型农业经营主体可以提高农业集约化经营水平，提升农业效益。

早期家庭农场是独立的个体生产，在农业中占有重要地位。在我国农村实行家庭承包经营后，有的农户向集体承包较多土地，实行规模经营，也称之为家庭农场。

“以家庭承包经营为基础、统分结合的双层经营体制”，这是现行我国农村的基本经营制度。随着城镇化的迅速发展，农村人口的流动导致农村人口数量和结构发生了变化，农业劳动力的老龄化呼唤着新的经营模式——家庭农场的出现。土地的流转也为家庭农场的培育提供了空间。未来的农业，专业大户、家庭农场、农民合作社等形式将成为国家重点支持的新型农业组织形式。

二　家庭农场的主要特征

适度规模经营

这是我国家庭农场的典型特征。一方面，我国人多地少、大量农村劳动力从事农业生产决定了我国家庭农场的规模不可能太大。另一方面，尽管家庭农场的规模超过一定程度劳动生产率会继续提高，但土地产出率将出现下降。因此适度规模经营将是我国家庭农场区别于发达国家大农场的一个重要特征。

专业化农业生产

长期专业化从事农业生产，且农业生产经营收入是家庭收入的主要来源，这是家庭农场与传统小规模农户的最本质区别。通过扩大经营规模，家庭农场能够实现农户的充分就业，为其提供不低于农村平均水平的收入。

农场集约化

家庭农场集约化、商品化水平相对较高，这是家庭农场的目标性特征。家庭农场的收入主要依赖于农业生产。其对增加农业生产投入，采用新品种、新技术有较高的积极性，资源要素利用的集约化水平将明显提升。土地产出率提高，商品化水平必将大幅度提高。

利用农户自身的劳动力

家庭农场没有长期雇工或者长期雇工数量少于家庭劳动力数量，在农忙季节可以有少量的季节性雇工，其主要是利用农户自身的劳动力。如果农场规模过大，雇用大量工人，劳动监督就会出现问题，家庭经营的优势就会丧失。

三　家庭农场发展的优势与条件

(一) 我国家庭农场发展的优势

随着我国经济的不断发展，农业生产模式为了适应不同经济发展阶段的需求，也随之经历了从小农户生产模式、农业合作组织到农业企业，再到现在的家庭农场模式的转变。而目前家庭农场生产模式作为最新的农业生产经营模式，相较于传统模式具有以下几个方面的优势：

推动农业现代化发展

农业现代化是当今农业经济发展的必然需求。在农业现代化的发展进程中，为使农业从传统、落后的生产模式向着具有现代先进生产水平的生产模式转化，不断在生产模式中利用现代工业技术、现代科技及现代经营模式。家庭农场以家庭为单位，通过先进的技术，促进农业生产规模化、集约化和商品化，符合农业现代化发展需求，有利于节约农业成本，提高生产效率，促进农业经济的发展。

经营优势

家庭农场生产模式，与工商资本主导下的公司制农业生产模式相比，具有家庭经营和规模化经营的优势。家庭成员作为经营生产人员，避免了雇用工人难管理、人工费用高等问题。家庭农场生产模式，可以通过租赁、承包等方式获得土地经营权，从而克服传统家庭经营模式中土地面积小且分布零散的问题，实现规模化产业经营。

是对家庭联产承包责任制的丰富和完善

家庭农场生产经营模式是对传统农业家庭经营模式的创新和完善，也是对家庭联产承包责任制的发展。家庭联产承包责任制是拥有土地所有权的集体将土地经营权按户承包给个人自主经营，虽然解放了农村生产力，促进了农业的现代化发展，但也容易产生土地过于细碎分割、难以深入规模化经营等问题。而家庭农场则在家庭联产承包责任制的基础上，将部分农民的土地承包权通过合法自愿的方式租赁或转包给其他家庭，解放了农村生产力，调动了农民生产积极性，解决了其生产经营规模小、土地分割细碎化等问题，进一步推进了土地的适度规模经营，促进了农业机械化和现代化的发展。

产权优势

在家庭农场生产经营模式中，产权构成简单。我国对农村土地实行集体所有制，而家庭农场生产模式中所经营土地的所有权仍归农民集体所有，因此家庭农场中所涉及的土地所有权问题及土地经营权等权责问题较为明确。

(二) 我国发展家庭农场的条件

农村人口迁移，可流转土地面积较多

随着社会经济的发展，农民不再满足于固定的农业收入，特别是第三产业的发展，为农民提供了多样化的就业选择，带来了更高的收入水平。因此，大批农村劳动力人口向城市迁移，为农村留下了大批“闲置”土地，为家庭农场的发展提供了一定规模的可流转土地。

土地流转得以实现为发展家庭农场提供前提条件

随着经济社会的不断进步，农民的生产和就业不再完全依靠土地，而是开始面向多种非农产业领域选择。工业化进程的不断深入，给农民带来众多就业机会，大批的农民去从事非农产业，农村因此出现闲置土地可以流转，为家庭农场的发展提供了土地条件。

农民自身向适应家庭农场发展的新型职业农民转变

家庭农场的经营模式需要具有更高综合素质和专业技能的新型职业农民成为经营主体。因此，农民要转变传统的思想观念，树立适应市场经济的新型农业经营理念；要具备较高的农业知识素养和掌握先进农业生产技术的能力，以便促进家庭农场的现代化和机械化发展。

四 国外家庭农场的基本模式

美国：大中型家庭农场

美国的农业以家庭农场为主。许多合伙农场和公司农场也以家庭农场为依托，几乎都是家庭农场。

(1)经营规模化　从经营规模来看，其发展与趋势表现为农场数目的减少和经营规模的扩大。

(2)生产经营专业化　美国把全国分为10个“农业生产区域”，每个区域主要生产一两种农产品。在这种区域化布局的基础上，建立和发展了生产经营的专业化。

法国：中型家庭农场

作为欧盟第一农业生产国，世界第二大农业和食品出口国，世界食品加工产品第一大出口国，法国农场的专业化程度很高。其按照经营内容大体可以分为畜牧农场、谷物农场、葡萄农场、水果农场、蔬菜农场等。大部分专业农场经营一种产品，以突出各自产品的特点为主。

日本：小型家庭农场

鼓励农田以租赁和作业委托等形式协作生产，以避开土地集中的困难和分散的土地占有给农业发展带来的障碍因素。以土地租佃为中心，促进土地经营权流动，促进农地的集中连片经营和共同基础设施的建设。以农协为主，帮助核心农户和生产合作组织妥善经营农户出租或委托作业的耕地。这种以租赁为主要方式的规模经营战略在日本获得了成功。

第二节　家庭农场的认定和创办

一　家庭农场的认定

我国还没有统一的家庭农场的认定标准和登记办法。各地按照“生产有规模、产品有标牌、经营有场地、设施有配套、管理有制度”的要求，探索不同生产领域的专业大户、家庭农场的认定标准，一般从以下几个方面考虑。

农场的规模

家庭农场的规模一般比较小，占土地范围也相对较小，一般不超过500亩。

农场的经营主体

家庭农场的经营主体是家庭，只有家庭成员可以参与经营活动，社会劳动力不允许参与。

农场的主要经营活动

家庭农场的主要经营活动是种植农作物或饲养家畜，其他生产活动可以存在，但不能成为家庭农场的主要收入来源。

农场的经营模式

家庭农场的经营模式一般是家庭自营，不能以出租方式出租给其他经营者。

农场的经营期限

家庭农场的经营期限一般不能超过20年，超过20年的需要重新申请认定。

若想获得家庭农场的认定，就必须满足这些标准，才能正式成为家庭农场。家庭农场的认定不仅有利于保护其特殊性和经济效益，而且对促进农村经济发展具有重要作用。

二　家庭农场的创办

主体条件

（1）家庭从业　在农场固定从业的家庭成员不少于2人，常年从事家庭农场生产经营的人员应有一半以上为家庭成员，季节性临时性的雇工人员不包括在常年从业人员的基数范围内，或者家庭成员至少有2人直接参与家庭农场的生产经营活动。

（2）土地流转　家庭农场经营的土地流转年限不得低于5年。

（3）农业收入　家庭农场收入占家庭总收入的80%以上，农业收入占家庭农场总收入的80%以上。

（4）经营规模　经营规模达到一定标准并相对稳定。从事经济作物、养殖业或种养结合的，应达到当地县级以上农业部门确定的规模标准。

注册类型

以投资和责任形式为标准，通常被划分为公司、个人独资企业和合伙企业三种基本形式。这些法人或非法人的企业形式既具有个体工商户的功能优势，又弥补了其缺陷。

个人独资和合伙这两类非法人企业既有个体工商户的灵活性，又能享受同等的税收优惠政策。个人独资企业、合伙企业和公司的企业属性弥补了个体工商户在生产经营管理方面的不足。

经营范围

基于家庭农场的性质，其主要经营范围应限定在《中华人民共和国农业法》第二条所规定的农业生产范围，即种植业、林业、畜牧业和渔业等产业，包括与其直接相关的产前、产中、产后服务。

土地承包经营权

家庭农场生产经营所使用的土地是农村土地，依法属于农民集体所有或国家所有，由农民集体使用，家庭农场只有通过家庭承包方式或承包权流转方式（荒山、荒沟、荒丘、荒滩等农村土地，通过招标、拍卖、公开协商等方式）方可取得该土地的使用权，无论哪种方式均有法定或约定的期限限制。土地使用权的相对稳定是家庭农场生产经营规模化和高效化的基础，因此，土地承包经营权的取得及期限应作为家庭农场成立的必要条件。

申请注册登记流程

符合条件的家庭农场可以申请注册登记，领取营业执照，取得市场主体资格。

申请流程：持注册人身份信息证明、土地流转协议（合同）证明及所在乡镇、村的营业场所证明，并填写家庭农场注册申报表，到所在县（市、区）的行政服务中心市场监管窗口办理。

相关政策

家庭农场具体补贴政策可向所在县（市、区）农业农村部门咨询。

第三节　家庭农场的扶持政策

国家将加大对专业大户、家庭农场和农民合作社等新型农业经营主体的支持力度，实行新增补贴向专业大户、家庭农场和农民合作社倾斜政策；鼓励和支持承包土地向专业大户、家庭农场、农民合作社流转，发展多种形式的适度规模经营；鼓励有条件的地方建立家庭农场登记制度，明确认定标准、登记办法、扶持政策；探索开展家庭农场统计和家庭农场经营者培训工作；推动相关部门采取奖励补助等多种办法，扶持家庭农场健康发展。

一 政府政策支持体系

依法保障家庭农场土地经营权

健全土地经营权流转服务体系，鼓励土地经营权有序向家庭农场流转。家庭农场通过流转取得的土地经营权，经承包方书面同意并向发包方备案，可以向金融机构融资担保。

加强基础设施建设

鼓励家庭农场参与粮食生产功能区、重要农产品生产保护区、特色农产品优势区和现代农业产业园建设。支持家庭农场开展农产品产地初加工、精深加工、主食加工和综合利用加工，自建或与其他农业经营主体共建集中育秧、仓储、烘干、晾晒以及保鲜库、冷链运输、农机库棚、畜禽养殖等农业设施，开展田头市场建设。支持家庭农场参与高标准农田建设，促进集中连片经营。

健全面向家庭农场的社会化服务

提供技术推广、质量检测检验、疫病防控等公益性服务。鼓励农业科研人员、农技推广人员通过技术培训、定向帮扶等方式，为家庭农场提供先进适用技术。

强化用地保障

利用规划和标准引导家庭农场发展设施农业，鼓励各地通过多种方式加大对家庭农场建设仓储、晾晒场、保鲜库、农机库棚等设施用地的支持，坚决查处违法、违规在耕地上进行非农建设的行为。

完善和落实财政税收政策

支持符合条件的家庭农场作为项目申报和实施主体参与涉农项目建设，支持家庭农场开展绿色食品、有机食品、地理标志农产品认证和品牌建设，对符合条件的家庭农场给予农业用水精准补贴和节水奖励。家庭农场生产经营活动按照规定享受相应的农业和小微企业减免税收政策。

加强金融保险服务

鼓励金融机构针对家庭农场开发专门的信贷产品，在商业可持续的基础上优化贷款审批流程，合理确定贷款的额度、利率和期限，拓宽抵质押物的范围。

支持发展“互联网＋”家庭农场

提升家庭农场经营者互联网应用水平，推动电子商务平台通过降低入驻和促销费用等方式，支持家庭农场发展农村电子商务。鼓励市场主体开发适用的数据产品，为家庭农场提供专业化、精准化的信息服务。鼓励发展互联网云农场等模式，帮助家庭农场合理安排生产计划，优化配置生产要素。

二 农业补贴政策

粮食直补政策

粮食直补政策是指对种粮农民直接补贴，就是把原来通过流通环节的间接补贴改为对种粮农民的直接补贴。补贴资金主要通过粮食种植面积直接落实到种粮农民手中，实现对种粮农民利益的直接保护，调动农民种粮积极性，促进国家粮食安全。

农作物良种补贴

农作物良种补贴，主要用于支持农民积极使用优良作物种子，提高良种覆盖率，增加农产品产量，改善产品品质，推进农业区域化布局、规模化种植、标准化管理、产业化经营。

大型农机具购置补贴

农机具购置补贴是指国家对农民个人、农场职工、农机专业户和直接从事农业生产的农机作业服务组织购置和更新大型农机具给予的部分补贴。

农资综合直补

农资综合直补是指国家为了解决柴油调价，以及化肥、农药、农膜等农业生产资料价格变动对农民种粮收益产生的影响而补贴种粮农民。

三 政策性农业保险政策

农业生产者以支付小额保险费为代价，把农业生产过程中由灾害事故造成的农业财产损失转嫁给保险人的一种制度安排。

四 农业税收优惠政策

废止了相关税收政策

国家为了减轻农民负担，让农民得到真正的实惠，废止了相关税收政策：种粮农民自2006年1月1日起，不再缴纳农业税；2006年2月17日后农民销售自产的农业特产收入不用再缴纳农业特产税；农民屠宰自养的猪、牛、羊等不用再缴纳屠宰税。

农业服务收入免税范围

农民从事农业机耕、排灌、病虫害防治、植物保护、农牧保险以及相关技术培训业务收入，家禽、牲畜、水生动物的配种和疾病防治收入，免征营业税。同时，国家规定，纳税人单独提供林木管护劳务行为的收入中属于提供农业机耕、排灌、病虫害防治、植保劳务取得的收入，免征营业税。

经营项目免税范围

农业企业从事农、林、牧、渔业项目经营所得可以免征、减征企业所得税。

第四节 家庭农场的项目建设

一 项目申报

1. 农业项目承担单位

农业项目需要具体的承担单位来执行，项目承担单位的条件如下：

（1）领导重视。承担单位领导对项目的实施非常重视，愿意承担项目的实施工作。

（2）有较完善的组织机构。承担单位必须是农业经营主体，内部管理机构完善，分工明确，人员配备完整。

（3）有较强的技术力量和必要的仪器设备。承担单位的技术依托单位技术力量较强，技术人员具有与项目相关的专业知识，技术水平较高，有承担项目实施的经验。同时，有与项目实施要求相适应的仪器设备，能完成项目的实施任务。

（4）有一定的经济实力。除项目下达单位拨付一定经费外，农业项目的实施往往还需要承担单位配套相应的经费。因此，项目承担单位必须有一定的经济实力，才能完成项目实施任务。

（5）有较强的协调能力。有的项目由一个单位完成有一定的困难，需要其他相关单位配合才能完成。因此，在有多个单位一起参与的情况下，主持（承担）单位必须具有较强的协调能力，指挥协作单位来共同完成项目任务。

2. 农业项目主持人

项目主持人（负责人）一般应由办事公正、组织协调能力较强、专业技术水平较高的行家担任。项目主持单位和项目主持人（负责人）要牵头做好以下工作：

（1）编写项目可行性研究报告，并根据专家论证意见修改、补充，形成正式文本。

（2）搞好项目组织实施工作，组织项目交流，检查项目执行情况。每年年底前将上年度项目执行情况报告、统计报表及下年度计划报项目组织部门审查。

（3）汇总项目年度经费的预决算。

（4）负责做好项目验收的材料准备工作。

（5）传达上级主管部门有关项目管理的精神，反映项目实施过程中存在的问题，提出相应的解决意见，报项目组织部门审核。

二 项目管理的内容和方法

1. 项目管理概述

项目管理就是应用系统的方法，对项目的拟定立项、实施执行、成果评价、申报归档等各个阶段工作的实践活动、联结与配合进行有效的协调、控制与规范，以达到预期目标的活动过程。

2. 项目管理的内容

（1）项目申报立项管理，主要是项目组织单位的管理工作。其具体内容包括下达项目的编写大纲或申报指南、接受申报、组织专家对申报项目进行可行性研究、作出决策、否定或批准立项、下达项目计划并执行。

（2）项目实施管理，具体内容包括层层签订合同，对实施方案与计划执行管理，对实施单位的人、财、物管理，检查、反馈与调整等。这一阶段的管理工作包括高层管理、中层管理和基层管理的交叉，需要互通信息、密切配合、协调共进，保证项目的顺利实施。

（3）项目验收与鉴定管理，具体内容包括资料的整理，总结工作的管理，对经项目承担单位申请、项目组织单位组织项目验收与鉴定工作的管理，对农业科技推广项目成果报奖及材料归档的管理工作等。

3. 项目管理的方法

(1)分级管理。项目组织部门根据各自的情况制订各自的项目计划，这些项目一般按下达的级别进行管理。省、市、县级项目组织部门分别管理跨市、跨县、跨乡的项目。在承担上级的项目时，执行中的修正方案要报上级管理部门批准；在项目结束后，档案材料正本要交上级管理部门，自己只留副本。

(2)分类管理。在各级部门管理的项目中，一般分为农、林、牧、渔项目，隶属各部门管理，部门内再按专业划分，以便按照各专业的特点，采取不同的管理办法组织实施。

(3)封闭式管理。每个农业项目的管理从目标制定，下达部署，组织执行，反馈修改方案，直至实现目标，必须形成一个封闭的反馈回路，称之为封闭式管理。如果项目管理中有头无尾或只有方案没有反馈，不按照项目程序进行，预定目标就很难达到。

(4)合同管理。在项目计划下达后，项目下达部门可与下级部门逐级签订合同书，将项目实施目标，技术经济指标，完成时间，需要的经费、物资，考核验收办法，奖惩办法等写入合同，经各方签字后生效。

第五节　家庭农场的管理

一　劳动关系管理

1. 家庭农场的雇工

具有一定规模的家庭农场都需要雇用一定量的常年农工和大量的短期农工。规模越大则雇用农工数量越多。家庭农场用工问题将成为影响其未来发展的一个重要因素，即需要面对招工难，且来源不稳定，劳动力成本上涨，雇工的素质偏低等给家庭农场经营带来的问题。

2. 家庭农场雇工需要注意的问题

(1)要选择有劳动经验且身体健康的劳动者。

(2)劳动合同签订和履行必须遵守《中华人民共和国劳动法》和《中华人民共和国劳动合同法》的相关内容。

(3)劳动者享有平等就业权、取得报酬的权利、获得劳动安全卫生保护的权利、提请劳动争议处理的权利以及法律规定的其他劳动权利。

(4)用人单位和劳动者发生劳动争议，当事人可以依法申请调解、仲裁、提起诉讼，也可以协商解决。

二 融资管理

1. 加强与政府、金融机构协作

积极争取政府给予向家庭农场提供贷款的金融机构政策性补助，争取农村信用社对家庭农场的信贷支持，争取民间资本积极参与到家庭农场建设，加大对家庭农场的基础设施投入。家庭农场可通过这些政策性的资金扶持项目，减轻融资压力。

2. 联保贷款

家庭农场之间可以互相合作，实行联保贷款。

三 风险控制

与工业不同，农业天然存在风险高的特征。对于家庭农场而言，随着经营规模的扩大，风险也在相应扩大，必须有一个良好的风险控制体系，重点防控好自然风险、疫病风险、市场风险等。

1. 自然风险

农业是从自然界获取劳动成果，基本无法避免自然风险，只能通过避灾、救灾减少其影响。对于防范自然风险而言，国家的政策性农业保险已经提供了基本的风险保障。此外，还可以考虑农业商业保险。

2. 疫病风险

在动植物疫病风险的防控上，主要是严格的技术管理和持之以恒的严密防控心态。一旦出现麻痹，往往付出惨痛代价。

3. 市场风险

农产品集中收获季节，往往会供大于求。应对市场风险，一方面要重视农产品市场分析，另一方面要加强生产的组织化程度，通过行业协会、订单农业、合作社联合等方式，稳定市场，畅通产后渠道，保障收益。

第四章

专业大户

第一节　专业大户概述

一　专业大户的含义

1. 专业大户的概念

专业大户是指在种植、养殖生产规模上明显大于传统分散经营农户，具有较强的经营管理能力，承包的土地达到一定规模，具有一定专业化水平，以市场需求为导向的从事专业化生产的农户。

专业大户包括种养大户、农机大户等，这里主要指种养大户。其通常是指那些种植或养殖生产规模明显大于当地传统农户的专业化农户，是指以农业某一产业的专业化生产为主初步实现规模经营的农户。目前，国家还没有专业大户的评定标准，各地各行业的专业大户评定标准差别较大。

2. 专业大户与家庭农场的区别

（1）专业大户涵盖的经营者身份比较宽泛，既可以是农民，也可以是其他身份，而家庭农场经营者的身份较为清晰，即为农民家庭成员。

（2）专业大户涵盖运销大户、农机大户等，而家庭农场生产经营领域较为明确，即为种养业，优先扶持种粮。

（3）专业大户对雇工多少没有限制。有的超大规模大户不种地，生产过程全部依靠雇工，而家庭农场则以家庭成员为主，雇工为辅，雇工数不得超过家庭成员人数。

（4）专业大户主要从事某一行业、某一环节的专业经营。

二　专业大户的标准

1. 粮棉油种植大户

规模标准：经营耕地面积 100 亩及以上；生产标准：耕种收全部实现机械化，标准化生产和高产栽培技术应用面积、作物优种率均达到 100%，有仓储设备设施，商品粮率 85% 以上；质量安全标准：使用有机肥等生物质肥料，无公害、绿色、有机生产面积占播种面积 80% 以上，农产品质量符合国家质量标准。

2. 蔬菜种植（食用菌栽培）大户

规模标准：露地蔬菜集中成片经营面积50亩以上，设施棚室蔬菜集中成片经营30亩以上，食用菌年栽培规模10 000～50 000袋。质量安全标准：按照无公害、绿色、有机生产技术规程实行标准化生产，产地环境检测合格，产品符合无公害、绿色或有机食品要求。

3. 畜牧业养殖大户

规模标准：生猪常年存栏1 000头以上，奶牛存栏300头以上，蛋鸡存栏1万只以上，肉鸡年出栏5万只以上，肉牛年出栏500头以上，肉羊年出栏500只以上；生产标准：取得动物防疫条件合格证、畜禽养殖代码，在县（市）区畜牧兽医行政主管部门备案，按照有关要求建立规范的养殖档案；质量安全标准：场区有污染治理措施，完成农牧、环保的节能减排改造。

4. 水产养殖大户

规模标准：建成池塘养殖面积60亩以上，温棚、工厂化车间等养殖设施面积3 000米^{2}以上，海水标准化深水网箱养殖200箱或3 000米^{2}以上，其他养殖方式水产品年产量200吨以上。生产标准：持有水域滩涂养殖证，工厂化养殖场同时有土地使用证或土地租赁合同；全程无使用禁用药品行为；生产操作规范化，有水产养殖生产、用药和水产品销售记录；名特优养殖品种率70%以上。

5. 农机大户

规模标准：拥有80千瓦以上大中型动力机械和配套机具，固定资产总值20万元以上；从事农机作业社会化服务，年农机服务纯收入5万元以上，农机服务纯收入占家庭年纯收入50%以上；农业机械科技含量高、能耗低。

6. 造林大户

规模标准：山区造林面积不少于600亩，平原造林面积不少于400亩。工程造林苗木栽培面积不少于200亩，园林绿化苗木栽培面积不少于100亩，设施花卉栽培净面积不少于7 000米^2。

7. 果品大户

水果栽培面积不少于50亩，干果栽培面积不少于100亩，设施果品栽培净面积不少于7 000米^2；栽培管理标准：按照无公害、绿色或有机果品生产方式组织生产。

三 发展专业大户的意义

专业大户是指从传统农户中脱颖而出的新型农业经营主体，是一种重要的推进现代农业发展的农业经营主体，能够充分进入市场。其精力主要投入农业生产，拥有比传统农户更强的资金和技术实力。相比之下，专业大户更有文化、懂技术、会经营，有一定的市场意识、共赢意识和合作意识。

（1）能够影响农业结构的优化调整。专业大户从事面向市场的商品化、专业化、规模化农产品商品生产，具有企业家精神；可以吸收碎片化土地，加快农村土地流转。

（2）能够优化耕地资源的配置效率，有效解决耕地抛荒和半抛荒的状态。专业大户流转土地的方式和期限更加灵活，规模一般有限，能够较好地适应当前农民人多地少和农民非农就业不稳定的实际状况。专业大户在流转土地后也都种植农作物，既不影响粮食安全，在一定程度上也实现了农业的机械化、科技化和专业化。

第二节　种植大户的生产管理

一 种植业生产结构优化

种植业是专业大户的基本生产类型之一。种植业生产的组织管理是专业大户的基本管理活动。

1. 农作物种植制度

农作物种植制度是规范化的农业技术措施体系，包括轮作制以及与之相适应的土壤耕作制、良种繁育制、施肥制、灌溉排水制、植物保护制等。一个合理的农作物种植制度应能合理利用当地自然资源，充分发挥劳动力和生产工具的作用，在获得农作物稳产、高产的同时，不断提高土壤肥力，保持农业生态平衡，促进农、林、牧、副、渔全面发展，提高劳动生产率。因此，它是农业生产上带有全局性、长远性的总体部署。

轮作制度

轮作是指按照自然规律和经济规律，将几种农作物在一定土地面积内进行时间、空间的合理安排，以构成一个有机整体。

良种繁育制度

良种是指在其性能一定条件下显著优于现有品种的农作物种子。良种繁育制度是指为培育、生产、推广、经营农作物良种而建立的一整套工作制度。采用良种生产是一项十分经济有效的增产技术，一般可增产10%左右，高的可达20%～30%。良种繁育制度包括品种选育、品种审定、品种规划、良种繁殖、种子检验、区域试验、良种推广和种子经营调剂等工作。

土壤耕作制度

土壤耕作制度是指为给农作物生长发育创造适宜的土壤环境而建立的有关耕、耙、压等一系列耕作措施的制度。

施肥制度

施肥制度是指为供给农作物养分和恢复、提高土壤肥力而建立的关于积肥、造肥、种肥、保肥、运肥和施肥等一整套制度。

灌溉排水制度

灌溉排水制度是指在一定气候、土壤、水文、土质等自然条件和农业技术条件下，为调节农田水分状况，获得农作物高产而进行的合理灌溉排水等。

植物保护制度

植物保护制度是规范化防止病虫侵袭，保护农作物正常生长的一系列措施的总称。做好植物保护工作，必须掌握农作物病虫害的发生、消长、扩散和传播的规律，采取农业的、生物的、化学的、物理的多种防治手段，有效地把病虫对农作物的危害控制在允许范围内。植保工作的方针是以预防为主，综合防治。

2. 种植业生产结构优化方法

种植业生产结构是指在一定区域内各种作物种植面积占总种植面积的百分比，用以反映各种作物的主次地位、生产规模。研究种植业生产结构，要解决粮食作物、经济作物之间的比例关系；在粮食作物中要研究粗粮作物与细粮作物、夏粮与秋粮之间的比例关系；在经济作物中要研究油料作物、纤维作物、糖料作物之间的比例关系等。

市场竞争日益激烈，种植业生产要满足社会多样化、高级化的需求，必须进行结构调整优化。建立合理的生产结构必须遵循的原则包括市场导向原则、主辅结合原则、用地与养地结合原则、产业互补原则等。

二 种植业生产计划

生产计划是生产活动的行动纲领，是组织管理的依据。种植业生产计划就是将年内种植的各种作物所需要的各种生产要素进行综合平衡，统筹安排，以保证专业大户计划目标的落实。

（一）种植业生产计划的分类与内容

种植业生产计划是种植业生产的空间布局和时间组合的安排，是种植业生产管理的重要一环。

1. 种植业生产计划分类

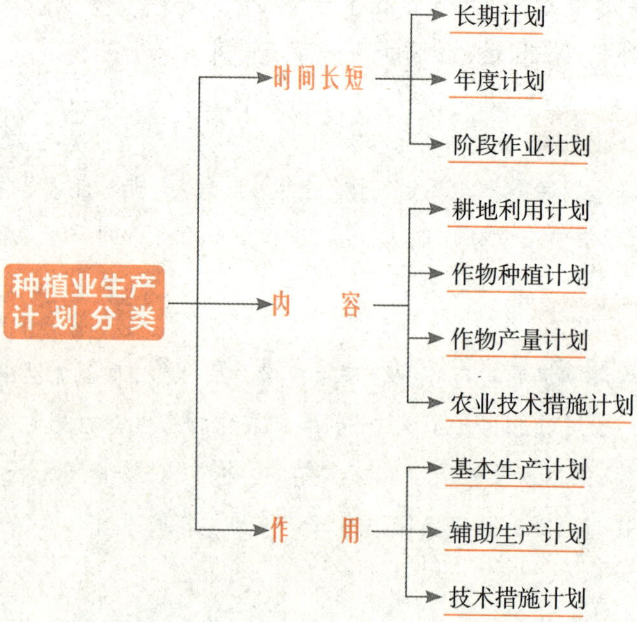

2. 种植业生产计划的内容

种植业生产计划主要有耕地发展和利用计划、农作物生产计划、农业技术措施计划等。

（1）耕地发展和利用计划，主要反映计划年度耕地的增减变动及利用状况，见表4-1。

表4-1 ××××年专业大户耕地利用计划

单位：亩

项目	上年实际	本年计划
一、年初实有耕地面积		
二、年内计划增加耕地面积		
1.计划开荒面积		
2.调入耕地		
3.其他形式增加		
三、年内计划减少耕地面积		
1.各种建设占用耕地		
2.造林（退耕还林草）占地		
3.调出耕地		
4.其他形式占地		
四、年末计划达到耕地面积		
1.水田		
2.旱地		
其中：水浇地		
五、本年度计划耕地面积		
六、年内未利用耕地面积		
其中休闲地		

为反映耕地利用情况，可借助以下指标进行分析：

①垦殖率，反映了可垦土地的利用程度。

$$垦殖率=\frac{耕地面积}{可垦未耕土地面积+耕地面积}\times 100\%$$

②耕地种植率，反映了现有耕地的利用程度。

$$耕地种植率=\frac{本年实际种植的耕地面积}{全部耕地面积}\times 100\%$$

③复种率（复种指数），反映了年内现有耕地的利用强度。根据计算口径又可分为全部耕地复种率和年内实际种植地的复种率。

$$全部耕地复种率=\frac{实际播种面积}{全部耕地耕种面积}\times 100\%$$

$$年内实际种植耕地复种率=\frac{实际播种面积}{当年实际耕种的面积}\times 100\%$$

④稳产高产田比重，是反映耕地生产能力的指标。

$$稳产高产田比重=\frac{整产、高产田面积}{全部耕地面积}\times 100\%$$

⑤耕地产出率，是反映耕地利用效果的指标。

$$耕地产出率=\frac{种植业总产量}{可耕未耕土地面积+耕地面积}\times 100\%$$

（2）农作物生产计划，主要反映计划年度各种作物的播种面积、亩产量、总产量计划数，见表 4–2。

表4-2　××××年农作物生产计划

作物名称	播种面积/亩		亩产量/千克		总产（量）/吨	
	上年实际	本年计划	上年实际	本年计划	上年实际	本年计划
粮食作物 1.水稻 2.小麦 ……						
经济作物 1.橡胶 2.茶叶 ……						
其他作物 1.瓜菜 2.饲料 ……						

（3）农业技术措施计划，主要包括土壤改良及整地计划、农田基本建设计划、种子计划、灌溉计划、播种计划、施肥计划、化学灭草及植保计划、田间作业计划等。下面具体介绍灌溉计划、播种计划和施肥计划。

①灌溉计划。编制灌溉计划是根据农作物的种植计划、生育期灌溉水定额、水资源供给量、降水及土壤墒情等，进行综合平衡。具体做法：根据各作物的播种面积和常年在各生育期的灌水定额（作物实际需水与天然补水量的差额），计算各月（天）的需水总量，然后再与水源可供量（地表与地下提水量）进行平衡。

②播种计划。播种计划是指对作物播种面积、播种量、播种时间、播种顺序、播种方法、质量要求、种子处理、种肥施用等的计划安排，见表 4–3。

表4-3　××××年春播种作物计划

作物	播种面积/亩	播种时间（×月×日至×月×日）	种子名称	亩播种量/千克	种肥		总播种量/吨	播种方式	质量要求
					名称	亩用量/千克			

③施肥计划。其主要根据作物的需肥种类和数量、土壤肥力状况，来确定需人工补充投肥的种类和数量，以保持土壤肥力的永续性。其计划指标有施肥面积、施肥种类、施肥量、施肥方法、施肥时间等，见表4–4。

表4-4　××××年农作物施肥计划

作物	施肥种类	施肥面积/亩	亩施用量/千克	总施用量/千克	施肥方法	施肥时间
橡胶	基肥 种肥 追肥					
咖啡	基肥 种肥 追肥					
……						

（二）种植业生产计划的制订

常用的种植业生产计划编制方法有综合平衡法、定额法、系数法、动态指数法和线性规划法等。

综合平衡法是编制计划的基本方法。种植业生产涉及各种作物的合理搭配以及生产任务与生产要素的平衡，计算各种生产要素可供应量与生产任务的需要量，主要是通过比较，找出余缺，进行调整，实现平衡。

1. 种植业生产的平衡关系

（1）生产供应与市场需求的平衡；

（2）生产要素的平衡；

（3）土壤肥力的平衡；

（4）生产项目之间的平衡。

2. 种植业生产的平衡方法

综合平衡法是指通过编制平衡表来进行平衡。综合平衡表的内容主要涉及需要量、供应量、余缺三个要素。如物资平衡表是以实物形态反映物质产品的生产与其需要之间的关系，见表 4–5。

表4-5　主要物资平衡表

要素＼项目	种子	化肥	劳动力	……
一、需要量				
1.橡胶				
2.咖啡				
……				
二、可供量				
1.期初结余				
2.本期购入				
……				
三、余缺				

三　种植业生产过程组织

农作物生产过程是由许多相互联系的劳动过程和自然过程相结合而成的。劳动过程是指人们的劳作过程，自然过程是指借助于自然力的作用过程。种植业生产过程在时序上包括耕、播、田管、收获等过程，在空间上包括田间布局、结构搭配、轮作制度、灌溉及施肥组织等过程。各种作物的生物学特性不同导致生产过程的作业时间、作业内容和作业技术方法均有差别。因此，需要根据各种作物的作业过程特点，采取相应的措施和方法，合理组织生产过程。

1. 种植业生产过程组织的要求

（1）时效性原则。农作物生产具有较强的季节性，什么时候进行什么作业，都有严格的时间要求。该种不种或该收不收就会延误农时，降低产量。因此，一定要按照生产计划组织生产，按时完成各项作业任务，提高劳动的时效性。

（2）比例性原则。不同的农作物，其生产周期不尽一致。有的属于夏收作物，有的是秋收作物；同一种农作物的不同品种，也有早熟和晚熟之区别。不同的作物按比例进行配合，既有利于生产要素的合理使用，又有利于缓和资源使用的季节性矛盾。

（3）标准化原则。主要是指对每种农作物都要制定规范的作业标准，严格按作业标准进行田间操作。只有这样，才能提高工效，保证作业质量，增加产量。

（4）安全性原则。主要指农业生产要注意保护劳动者、劳动资料的安全以及注重资源的可持续利用。随着农业现代化、工厂化的发展，由于使用化学农药、农业机器等，容易发生农药中毒、机电伤亡事故，影响人和畜禽的安全；化肥、农药使用不当导致土壤团粒结构的破坏，严重的则造成绝收。

（5）制度化原则。是指生产过程的组织需要有相应的制度保证。具体来说，生产作业内容方面有作物轮作制、施肥制、灌溉制、病虫害防治制度等，作业时间方面有作业日历制等，生产职责方面有岗位责任制、作业责任制、承包责任制等。

2. 种植业生产的时间组合

种植业生产的时间组合也可称为轮作种植。它是指在同一空间地段上，不同时间作物的轮流种植，以充分利用土地的生产时间，增加光能利用率，提高土地的生产效能。

作物轮种是一种技术经济措施。作物轮种的种类、品种和时间，首先要符合作物的生物学特性，具有技术的可行性；轮种可以获得更高的投入产出率，符合经济的合理性。

种植业生产的时间组合要求：一是因地制宜，作物复种、轮作、套作，要能提高土地利用率，增加单位耕地面积的生产量。二是合理搭配，即作物轮作搭配能适应种植计划要求，能更好地满足市场需求和自给需求。三是时间协调，作物轮作能形成最好的相辅相成关系，达到时间协调，肥力互补，能提高劳动生产率和成本产值率。四是有利于多种经营，作物轮作更有利于开展多种经营，提高专业大户的总体经济效益。

种植业生产的时间组合，除上述定性分析外，还可以进行定量分析，将单项作物轮作产量与效益进行比较，以说明时间组合的有效性。

3. 种植业生产的空间布局

种植业生产的空间布局，也称地域种植安排。它是各种作物在一定面积耕地上的空间分布。自然条件等往往导致一个专业大户或一个生产单位的耕地质量总是会有各种各样的差别。不同地块的土壤性状适应不同作物的生物学特性，具有不同生产效益；同类土质、不同地段位置的地块由于区位差异而引起的交通、管理的区别也会造成不同的种植效应。因此，搞好农作物布局要求：一是保证完成国家的合同订购任务，以满足市场的需求；二是保证专业大户内部生产需要（种子、饲料、加工原料）以及生活需要（劳动者口粮）；三是符合当地的自然环境（土地类型、气候）；四是作物之间茬口衔接合理，用地与养地相结合；五是尽可能集中连片，以便于实行机械化作业和田间管理。此外，还可借助于定量分析方法，安排种植业生产的空间布局，常用的方法有亩产量（亩效益）比法和线性规划法。

下面以咖啡与茶叶的种植为例，说明亩产量（亩效益）比法的应用，见表4–6。

表4-6 不同作物不同地块亩产量与亩产量比

项目	A地	B地	C地	D地
咖啡	200	150	45	100
茶叶	40	50	70	30
咖啡、茶叶亩产量比	5:1	3:1	0.64:1	3.3:1

在表4–6中，亩产量比是指某类地块作物种植的产量代替比。从各地块的产量看，A地、B地与D地以种植咖啡作物较适合；从咖啡与茶叶两种作物产量比来看，C地种茶叶作物最合适；从咖啡、茶叶的价格比看，若比价为1.5:1，则C地安排茶叶生产有利，其他地块种植咖啡更加有利。

第三节 养殖大户的生产管理

一 养殖业生产管理的特点

养殖业生产是指所有牲畜、家禽饲养业和渔业生产。其主要是提供肉、蛋、奶及水产品，为轻工业提供毛、皮等原料，为外贸提供出口物。养殖业的发展对改善人们的食物结构，提高人们的生活质量具有重要意义。根据生产对象的饲养特点和动物性产品的消费特性，养殖专业大户可划分为四大类型。

第一类，以牲畜为生产对象，主要养牛、马、猪、羊、兔等。这类专业大户的产品主要是肉、皮、毛、乳等。

第二类，以禽类动物为生产对象，主要养鸡、鸭、鹅、火鸡、鹌鹑等。这类专业大户的主要产品是肉、蛋、毛等。

第三类，以水生动物为生产对象，主要养鱼、虾、蟹及贝类、水生藻类等。这类专业大户的主要产品是水生动物的肉、寄生物等。

第四类，以虫类动物为生产对象，主要养蜂、蚕、蚯蚓、蝎等。这类专业大户的主要产品是虫类的蜜、丝、皮、全身，以及重要的制药原料等。

下面以养殖畜、禽类动物的专业大户为例，介绍养殖业生产的管理。

1. 养殖业的生产特点

（1）养殖业生产对象是有生命的动物。养殖业的自然再生产和经济再生产交织在一起的基本特点，要求专业大户不但要按自然规律组织生产活动，同时，还要求专业大户按照经济规律进行生产管理，以取得良好的经济效益和生态效益。

（2）养殖业生产的转化性。养殖业将植物能转化为动物能，饲料在生产成本中占有很大的比重，养殖业生产管理的主要任务之一是提高饲料（或饵料）转化率。

（3）养殖业生产的周期长。养殖业在整个生产周期中要投入大量的劳动力和资本，只有在生产周期结束时才能获得收入，实现资本的回收。从生产时间分析，比如，奶牛有高产期、低产期和干乳期，蛋鸡有产卵期和歇卵期，等等。因此，在生产中要求选用优良品种，科学饲养管理，延长生产时间，缩短生产周期，提高畜禽的产品率。

（4）养殖业生产的双重性。繁殖用的母畜、种畜、奶畜是劳动手段和生产资料，而作为肉畜、肉禽则又是劳动产品和消费资料。养殖业生产既要满足社会对生活消费品的需要，又要保证专业大户自身再生产的需要。

（5）养殖业生产的可移动性。畜禽可以进行密集饲养、异地育肥。运用这个特点，可以克服环境等因素的不利影响，创造适合于养殖业生产的良好外部环境，以保证养殖业生产过程顺利进行。

2. 养殖业的生产任务

养殖业的生产任务是根据市场需要，结合资源环境和经济技术条件，确定合理的生产结构；采用科学的养殖方式，发展家畜、家禽、水产品养殖与培育，生产更多、更好的畜禽及水产品，以满足社会的多样化需求。

（1）确定生产结构。养殖专业大户应根据国家经济发展战略目标、市场需求状况和自身的资源条件，坚持“以一业（一品）为主，多种经营”的经营方针，因地制宜地确定畜禽生产结构。有丰富饲草资源的地区，可以多发展牛、羊等食草畜，适当发展生猪和家禽。在广大农区，以养猪、鸡等家禽为主；有条件的地区可兼养牛、羊等，以充分利用农业精饲料和秸秆粗饲料等多种资源，降低生产成本。

（2）建立饲料基地。饲料是养殖业发展的物质基础。发展养殖业，提高畜禽产品数量和质量的基本条件是建立相对稳定的饲料基地，保证畜禽的正常生长发育，解决“吃饱”的问题；同时，要发展饲料加工业，生产各种配合饲料和添加剂，提高饲料质量，满足畜禽、鱼虾等各个生长期的营养需求，解决“吃好”的问题。

(3)提供优质产品。动物品种的优劣关系到植物饲料的转化率和产品的生产率。因此，养殖业生产的重要任务之一就是要不断引进和培育优良品种，实施标准化生产，提高畜禽产品和水产品的内在品质，为社会提供更多的优质产品。

3. 养殖业的生产组织与管理

(1)饲料组织与利用。饲料的种类、数量、质量对养殖业发展有直接的制约作用。①广开饲料来源。一是充分利用饲料基地的资源供给；二是合理利用天然饲料资源，就地取材，提供部分饲料，降低饲料成本。②做好饲料供需平衡。饲料的数量和质量决定着养殖业的种类和规模，因此，既要科学地预测各种饲料的需求量，又要积极组织饲料来源，在挖掘饲料潜力基础上，做好饲料供需平衡工作。具体方法：可通过编制平衡表来实现饲料供需的计划性。③合理利用饲料资源。饲料是养殖生产的主要原料，饲料组合方式和饲料投入量与畜禽、鱼虾的生长、发育及其产品形成有着密切的关系。在畜禽、鱼虾生长发育过程中，不同种类、品种以及同一品种的不同发育阶段需要不同的营养成分。因此，养殖业生产要改“收什么，喂什么”的传统饲养方式为“喂什么，收什么”，科学地利用、配合精饲料喂养，以利于提高料肉比。

(2)规范饲养管理制度。①饲养管理标准化制度，如喂养制度、饲料供应制度、良种繁育和推广制度、防疫卫生制度等。②饲养管理责任制度，即责权利制度，包括岗位责任制、定额计件责任制、喂养承包责任制、综合承包责任制等。

(3)重视引进和改良品种。扩大优良品种的繁育和推广，提高优良品种率是提高畜禽产品和水产品产量和质量的关键。在引进优良品种的同时，应加强技术管理，防止品种退化，稳定产品质量。

(4)实行标准化生产运作。按科学化管理要求，对畜禽逐步实行按性别、用途、年龄分组、分类的管理，合理确定不同组别的技术经济标准、饲料配方、饲养方法和饲养管理标准，以提高饲养管理水平。

(5)适度扩大饲养规模。根据生产发展水平和市场需求状况，适度扩大饲养规模，提高饲养机械化水平，逐步实施专业化养殖，以实现规模经济效益。

二 养殖业生产计划

除了依靠专业饲养技术人员搞好饲养管理外，畜禽生产还必须依靠专业管理人员搞好生产管理。生产管理的关键是做好计划管理，包括生产计划和生产技术组织计划。家畜生产计划主要包括畜群交配分娩计划、畜群周转计划、畜产品产量计划和饲料供应计划等。

(一) 畜群交配分娩计划

畜群交配分娩计划，表明在计划年度内牲畜交配、分娩的头数。它是组织畜群生产的依据之一。畜群生产可采用季节性交配分娩和陆续性交配分娩。季节性交配分娩可选择最适宜季节，尽量避开严寒酷暑，保证较高的受胎率和成活率，但存在着人力、设备利用不充分的问题。陆续性交配分娩是指乳畜均衡地在各个月分娩，时间分布较均匀，可全年均衡提供产品，但严寒酷暑对乳畜产仔的影响很难避开，同时也存在人力和设备投入与规模相适应的问题。编制畜群交配分娩计划要根据市场需求规律与自然气候条件、生产资源状况加以确定。

以猪群交配分娩计划为例，可根据养猪场的年度生产任务、采用的分娩方式、现有基本母猪和检定母猪的年初头数、上一年最后四个月已交配母猪的头数和交配时间等情况进行编制，见表 4–7。

表4-7 猪群交配分娩计划

交配					分娩							
							出生胎数			出生仔猪数		
年度	月份	基本母猪	检定母猪	合计	年度	月份	基本母猪	检定母猪	合计	基本母猪	检定母猪	合计
上年	9				本年	1						
	10					2						
	11					3						
	12					4						
本年计划	1					5						
	2					6						
	3					7						
	4					8						
	5					9						
	6					10						
	7					11						
	8					12						
	9					合计						
	10					说明						
	11											
	12											
合计												

（二）畜群周转计划

畜群在一定时期内，出生、成长、购入、淘汰、死亡等导致经常发生数量上的增减变动。为掌握畜群变化规律，应根据畜群结构、交配分娩计划、淘汰计划和畜群周转关系，编制畜群周转计划。现以养猪为例，编制现代化养猪场猪群周转计划，见表4–8。

表4-8　猪群周转计划

组别	计划年初数	周转月份												增加			减少			计划年末头数
		1	2	3	4	5	6	7	8	9	10	11	12	繁殖	转入	其他	出售	转出	死亡	
合计																				
种公猪																				
基本母猪																				
仔猪																				
1月龄																				
2月龄																				
后备猪																				
3月龄																				
4月龄																				
5月龄																				
6月龄																				
7月龄																				
8月龄																				
9月龄																				
出售育肥猪																				
淘汰育肥猪																				
1月																				
2月																				
3月																				
总计																				

（三）畜产品产量计划

畜产品产量计划可根据生产任务的不同，制订家畜产肉计划、产奶计划等。现以家畜产肉计划为例说明，见表 4–9。

表4-9 家畜产肉计划

种类	月份												全年
	1	2	3	4	5	6	7	8	9	10	11	12	
一、牛屠宰头数 / 头													
平均活重 / 千克													
出肉率 / %													
产肉量 / 千克													
二、猪屠宰头数 / 头													
平均活重 / 千克													
出肉率 / %													
产肉量 / 千克													

(四) 饲料供应计划

饲料供应计划按一定时间和饲养头数来制订。饲料需要量一般可分为按年计算和按月计算两种。按年计算饲料需要量可根据家畜在群年平均头数的年需要量计算，见表 4–10。按月计算饲料需要量时可根据畜群周转计划中各畜月平均头数乘各月饲料定额来计算。

表4-10 年饲料供应计划

猪群分组	在群平均头数	1号料		2号料		普通饲料	
		定额（千克/头）	总量（千克）	定额（千克/头）	总量（千克）	定额（千克/头）	总量（千克）
种公猪							
基本母猪							
鉴定母猪							
仔猪							
后备猪							
育肥猪							
淘汰猪							
合计							

三 专业化养殖场生产管理

（一）养猪场生产管理

从养猪场类型来看，可分为三类：第一类，包括繁殖、育肥在内的自繁、自育的猪场；第二类，只进行繁殖、销售仔猪的猪场；第三类，购买仔猪进行育肥的猪场。下面以自繁、自育的猪场为例，阐述工厂化养猪的生产管理。

1. 仔猪选留

（1）猪的生物学特性和经济类型。从生物学角度看，猪性成熟早、繁殖率高、生长速度快、饲养成本低、屠宰率高。一般情况下，猪的屠宰率是60%～75%，而牛为50%～60%，羊为40%～50%。按其生产性能、肉脂品质等特点，猪的经济类型可分为脂肪型、瘦肉型、兼用型。脂肪型猪的特点是脂肪多，一般占胴体的55%～60%，瘦肉占30%左右。瘦肉型猪也叫腌肉型猪，瘦肉占胴体的55%～60%，脂肪占30%左右。在肉脂兼用型猪的胴体中，肥瘦肉所占的比例大体相等。

（2）猪的选种和育肥仔猪的选择。①猪的选种。一是根据猪群的总体水平进行选种，如猪的体质外形、生长发育、产仔数、初生重、疫病情况等。二是根据猪的个体品质进行选种，主要从经济类型、生产性能、生长发育和体质外形等方面进行。②育肥仔猪的选择。一是从品种方面，选择改良猪种和杂交猪种，因为它们比一般猪种生长发育快；二是从个体方面，选择体大健康、行动活泼、摆尾有力的个体。

2. 饲料利用

（1）猪饲料的选用。根据猪饲料的特点以及猪在不同月龄、不同发育阶段的营养需要，选择适当的饲料进行饲养。小猪生长发育旺盛，胃肠容量小，消化机能弱，可选择易消化、营养丰富且含纤维素少的高能量、高蛋白饲料。中猪消化器官已充分发育，胃肠容量较大。在这个阶段，为满足其骨骼和肌肉的生长，可以多喂些粗料和青饲料。催肥猪骨骼和肌肉生长已趋缓慢，脂肪沉积加强，此时则应多喂含淀粉较多的配合饲料。

（2）饲料报酬分析。饲料是养殖业生产的主要原材料，饲料组合和饲料投入量与畜禽生长、发育和畜产品形成均有极为密切的关系。各种畜禽生长、发育及其形成的畜产品均有特有的规律，其饲料转化比也不尽相同。因此，应针对不同的养殖对象，研制不同的最低成本饲料配合方案，以提高饲料边际投入，获得最大的产出效益。饲料报酬一般使用以下计算公式：

$$饲料转化率=\frac{畜产品增重(千克)}{饲料消耗量(千克)}\times100\%$$

$$肉料比=\frac{饲料消耗量(千克)}{畜产品增重(千克)}$$

由于饲料和畜产品的种类很多，各种饲料的营养成分差别很大，很难直接评价饲料利用率的高低。因此，通常把各种畜产品产量和所消耗的饲料量换算成能量单位(焦耳),用饲料转化率指标来评价。

饲料转化率的高低反映了养殖业生产水平的高低。若饲料转化率高，则表明饲料利用充分，畜产品成本低，经济效益好，养殖业生产水平高。

3. 猪的饲养管理

仔猪饲养的基本要求是“全活全壮”，出生后1周内的仔猪，着重抓好成活。一是做好防寒保暖等护理工作；二是做好饲养工作，日粮以精饲料为主，饲料多样化。同时，要及时给母猪补饲，以免影响仔猪的成活。

育肥猪饲养的基本要求：日增重快，在最短的时间内，消耗最少的饲料与人工，生产品质优良的肉产品。一般育肥方法有两种：一是阶段育肥法，即根据猪的生长规律，把整个育肥期划分成小猪、架子猪、催肥猪等几个阶段，依据“小猪长皮、中猪长骨、大猪长肉、肥猪长膘”的生长发育特点，采取不同的日粮配合。在最后催肥阶段，除加大精料量外，尽量选用青粗饲料。这种方法的优点是精饲料用量少，育肥时间长，一般在饲料条件差的情况下采用。二是直线育肥法，即根据各个生长发育阶段的特点和营养需要，从育肥开始到结束始终保持较高的营养水平和增重率。此法育肥期短、周转快、增重多、经济效益好。

(二) 养鸡场生产管理

1. 养鸡场的种类

根据不同的经营方向和生产任务，养鸡场可分为专业化养鸡场和综合性养鸡场两种。

(1)专业化养鸡场。①种鸡场，主要任务是培养、繁殖优良鸡种，向社会提供种蛋和种雏。这类鸡场对提高养鸡业的生产水平起着重要作用。②肉鸡场，是专门提供肉用仔鸡的商品化鸡场，为社会提供肉用鸡。③蛋鸡场，专门饲养商品蛋鸡，向社会提供食用鸡蛋和淘汰母鸡。

(2)综合性养鸡场。综合性养鸡场集供应、生产、加工、销售于一体，生产规模大、经营项目多、集约化程度较高，形成联合专业大户体系，是商品化养鸡业发展到一定阶段的产物。这种现代化养鸡场一般设有饲料厂、祖代鸡场、父母代鸡场、孵化厂、商品鸡场、屠宰加工厂等，为社会提供种鸡、种雏、商品鸡、分割鸡肉等产品。

2. 饲养管理方式

喂饲是养鸡场最基本、最经常、最大量的生产工作。其要求：一是鸡群能得到良好的照管和喂饲，保证鸡群健康生长发育，提供大量的产品；二是节约饲料费用以及在喂饲方面的劳动消耗，不断提高饲料报酬率和劳动生产率，降低生产成本。

（1）饲养技术方式。饲养技术方式主要有平养和笼养两种：①平养。其又可分为地上平养、棚条平养、网上平养等方式。地上平养，即在鸡舍地面上铺上垫料（锯末、沙土等），鸡能在垫料上自由活动采食。这种方式简便易行，投资少，但饲养密度低，一般每平方米养肉鸡 8～10 只，蛋鸡 4～6 只。棚条平养，即在鸡舍地面上一定高度用柳条或竹竿等铺架一层漏缝地板，把鸡养在棚条上。其优点是鸡床干燥，比较卫生，能就地取材，投资成本低。这种方式一般每平方米可养肉鸡 11～15 只，蛋鸡 7～9 只。网上平养，是指以金属网代替棚条作鸡床。虽然这种方式比较耐用，但投资较大。②笼养。鸡群笼养是现代化养鸡的主要方式。按饲养工艺，其可分为开放式笼养与密封式笼养两种。开放式笼养是指以自然光照、自然通风换气为主；密封式笼养是指建造可以人工控制环境的鸡舍，鸡舍能保持一定温湿度和光照。笼养可以提高饲养密度和单位面积养鸡量，便于集中管理，减轻劳动强度，减少鸡群感染疾病的机会，提高集约化水平，但技术要求高，投资大，具备一定条件的养鸡场才能运用。

（2）饲养管理方式。在饲养方式确定后，就要进行相应的劳动管理，即合理的劳动分工和人员配备，以保证正常喂饲工作的进行。养鸡场每天的喂饲工作包括一系列操作活动。这些操作由不同工种的工人分工协作完成。在专业化养鸡场中，饲养人员一般按鸡舍或鸡栏编组，分管一定数量的鸡群，以保证喂饲工作正常进行。

3. 养鸡场环境的控制

养鸡场环境是对养鸡生产造成影响的多种外界因素的统称，包括养鸡场所处地域、养鸡场的设施装备、鸡舍内小气候和饲养密度等条件。

（1）场址选择。养鸡场是一座生物工厂，为保证鸡的健康生长，场址选择应满足以下要求：一是寻找空气新鲜、无病原菌污染的地方；二是有充足可靠的水源，最好是自来水或深井水；三是交通运输便利，包括陆运、空运；四是电力供应充足，要保证孵化、育雏、育成、产蛋舍的动力以及饲养加工、抽水、照明等需求。

（2）温度控制。最适宜的温度范围是 18.3～23.5℃，一般在 13～29℃。高温会使蛋鸡饮水量增加、呼吸加快、体温升高、血钙含量下降，导致蛋壳变薄、鸡体重减轻、产蛋量减少、蛋的质量下降等。因此，炎热的夏季应设法降温，注意鸡舍屋顶的隔热性，加大通风量；在冬季要注意增温，晚上的喂料可以添加一些油脂，以增加热量，提高鸡的御寒能力。

（3）光照控制。产蛋鸡每天光照时间超过 11 小时，就能增加产蛋量，达到 14 小时后，增产效果更为显著，一般规定产蛋期每天光照时间为 16 小时，但是光照时间达到或超过 17 小时会对产蛋不利。光照变化的刺激作用一般在 10 天以后才能见效，所以从育成鸡光照程序改为产蛋鸡光照程序的适宜时间应在 20 周龄时开始，同时相应改变饲料配方和增加给料量。延长光照时间通常采用三种方式：一是早晨补充光照，二是傍晚补充光照，三是早上和傍晚都补充光照。

（4）换气通风。由于鸡生长发育过程中要排泄粪便，吸入氧气，呼出二氧化碳，一般鸡舍有害气体较多，有害气体主要是氨、硫化氢和二氧化碳。因而，鸡舍的平面布置应根据饲养工艺、饲养阶段、喂料的机械化程度、清粪方式、通风设施等全盘考虑，使鸡舍有足够的新鲜空气，增加氧含量。

4. 疫病防治

在集约化生产条件下，组织严格的疫病防治是保证鸡群健康成长，获得高产、高效益的重要措施。为此，要贯彻“预防为主”的方针，严格卫生防疫制度，实行预防接种，及时扑灭疫病，为鸡的健康成长创造良好的环境。

（1）加强饲养管理，搞好清洁卫生。经常保持良好的鸡舍环境，饲养人员要搞好个人卫生，保持鸡体、饲料、饮水、食具及垫料干净，及时清除粪便，非饲养人员一律不得进入鸡舍。

（2）坚持消毒制度，定期接种疫苗。消毒是杜绝一切传染病来源的重要措施。消毒可采用机械消毒、物理消毒和化学消毒等方法，经常性消毒、定期消毒和突击消毒相结合。为了防止疫病发生，根据所在地区鸡传染病种类和毒型，结合本场具体情况，制定免疫程序，定期进行各种疫苗的预防接种。

（3）尽早发现疫情，及时扑灭疫病。一旦鸡场发生传染病或疑似传染病，必须遵循“早、快、严”的原则，及时诊断，尽快扑灭，对病鸡实行严格隔离；对健康的鸡要进行疫苗接种和疾病防治；对病重的鸡要坚决淘汰，死鸡的尸体、粪便及垫料等运往指定地点焚烧或深埋。

5. 养鸡生产周转

养鸡生产经过一个生产周期进入另一个生产周期，这种转换被称为生产周转。其方式一般有两种：

（1）全进全出方式，即指一个鸡场饲养同日龄的鸡群，一起进场，在生产期满后一起出场。这种周转方式，一是可以最大限度地利用鸡的最佳生长时期，获得高产、高效益。二是可以组织严格的防疫，最大限度地消灭场内的病原体，以避免各种传染病的循环感染，免疫接种的鸡群能获得一致的免疫力。肉鸡生产多数采用这种周转制度。

（2）再利用方式，是蛋鸡特有的周转方式，即在蛋鸡产蛋1周期后，通过强制换羽，产蛋鸡能休产一个时期，再进行第二个产蛋期的利用。有的产蛋鸡还要进行第二次强制换羽,进入第三个产蛋期。

第四节　农产品加工大户的生产管理

发展农产品加工业，可以增加农产品的科技含量和附加值，是增加农民和专业大户收入的重要途径。随着科学技术的进步、农业产业结构的调整，农产品加工业在农村经济发展中将起着举足轻重的作用,具备良好的市场前景。

一　农产品加工业生产过程的管理

（一）生产准备过程

加工原料配备

加工原料配备是加工专业大户最为繁杂且经常性的准备工作，就是各种农副产品原料的采购、运输和储备等工作。农副产品加工的主要原料中鲜活产品占有一定比例，有的易腐、易损，不耐贮藏，所以在生产准备工作中，应选择灵活的采购方式、采购批量、运输方式和储备方式等，以保证加工品的质量。

技术工艺工作

技术工艺工作包括产品设计、工艺设计、技术图纸、工艺文件、新产品的试制等。只有不断地采用新技术、新加工工艺，坚持小批量、多品种、优质量的竞争策略，才能使专业大户在激烈的竞争中立于不败之地。

生产条件供给

根据加工专业大户的生产车间、生产场地的作业面大小、设备要求，适当装配供电、供水、供气设施，以确保生产的不间断进行。

质量检验体系

大多数农副产品的加工制品是日常生活消费品，尤其是食品类产品，其质量的优劣会直接影响人们的身体健康。因而，注重产品质量是提高专业大户知名度和竞争能力的关键因素。

安全保障措施

安全保障措施主要是专业大户生产所必需的卫生检测、劳动保护、消防器械等物品装置的准备。新建的加工专业大户还要做好工程验收，以及操作工人的技术培训等产前试操作工作。

组织规章制度

组织规章制度主要是根据专业大户的生产规模、生产任务、产品特点的不同，制定相应的责任制度和规章制度，包括生产责任制、岗位责任制、安全规章等，明确专业大户内部各级生产组织和各职能部门的权利、职责和利益。

生产管理制度

生产管理制度包括劳动定额、物资储备定额、原料消耗定额、能源消耗定额等，并根据各生产单位的生产任务，将一定时期内所需要的劳动力、生产要素通过合理配置，落实到各生产单位。

专业大户经营计划

专业大户经营计划包括年度生产财务计划、阶段作业计划、劳动用工计划、生产进度计划、原料供应计划等。

生产操作规程

生产过程的准备应有科学的预见性，既要估计专业大户生产经营中可能出现的各种问题，又要预见科学技术的发展和市场需求的变化给专业大户带来的影响。因为农副产品加工业大多数属于生活资料生产行业，具有资金周转速度快、易于吸引闲置资金的特点，是一个竞争激烈的行业。

(二) 生产过程组织

生产过程是指直接改变劳动对象的物理和化学性质，使其成为专业大户主要产品的过程。生产过程是专业大户生产经营全过程的中心环节，代表着专业大户生产的专业化方向。

1. 生产过程组织的要求

农副产品加工业生产是指运用现代工业生产技术和管理技术，在专业分工和协作基础上，采用多种工艺方法和使用多种机器设备的复杂生产体系。基本生产的组织就是要结合专业大户生产技术条件、工艺性质、生产类型、生产任务量及专业大户的专业化生产方向的特点，适应市场需求和生产发展的要求，确保基本生产过程的高效运行。

生产过程的连续性

生产过程的连续性即产品生产过程的各个阶段、各道工序相互衔接、有序地进行。劳动对象在一道工序被加工、处理完以后，立即被转送到下一道工序，使之处于不间断地被加工、检验和运输状态之中。在某些产品的加工中，还要借助自然力的作用，如风干、晾晒等环节。为了确保生产过程的连续性，要通过制订周密的作业计划，使人工加工过程同自然力处理过程相互衔接，避免不合理的中断。

生产过程的比例性

生产过程的比例性是指基本生产过程的各个设备、各道工序、各个生产单元乃至各个车间之间，以及基本生产过程与辅助生产过程之间在生产能力上要保持一定的比例关系，产品的数量和质量保持一定比例，以达到产能平衡。比例性原则也是实现连续性原则的基础。

生产过程的均衡性

生产过程的均衡化又称为节奏性原则，是指整个生产过程从投入、加工一直到产出、入库，应统筹安排，有节奏、有计划地进行。

生产过程的合理中断

某些农副产品加工业的生产工艺过程需要借助于自然力的作用，使劳动对象发生物理或化学反应，如造酒业中的发酵过程、制药业中药草的晾晒过程等。这种变化过程的开始即表示加工过程暂时中断，中断达到一定时间后，加工过程又重新开始。这种加工工艺的特点要求专业大户注意生产过程的合理安排，以保证生产过程的连续性。

生产过程的适应性

适应性是指企业的生产组织形式要灵活多变，能根据市场需求的变化，及时调整和组织生产。提高生产过程的适应性是企业管理从生产型转变为生产经营型以后的客观要求。

以上五项要求相互联系，相互制约，只有同时予以重视，才能保证基本生产过程高效有序运行。

2. 生产过程组织的形式

大量生产

大量生产是指在一段时间内重复生产一种或几种产品。其特点是产品的品种少，批量大，产量大，各工作场所固定地完成 1~2 道工序，专业化程度高。

成批生产

成批生产是指在一段时间内重复生产较多种产品。其特点是产品的品种不太多，每种产品都有一定的数量，生产条件比较稳定，各工作场地需负担较多的加工工序，专业化程度不高。

小批量生产

小批量生产是指在一段时间内经常变换生产多种产品，很少重复生产同种产品。其特点是产品品种繁多，每种产品只有一件或几件，生产条件很不稳定，工作场所专业化程度很低，生产设备和技术工艺通用性强，多数所需的原材料按农副产品的收获期进行收购和加工。

3. 生产过程组织的方法

任何专业大户的生产过程的组织工作都包括两个相互关联的方面，即生产过程的空间组织和生产过程的时间组织。

生产过程的空间组织

生产过程的空间组织用来确定被加工处理的农副产品在生产过程中的空间运动形式，即生产过程各个阶段、各道工序在空间上的分布和原材料、半成品的运输路线。空间组织又必须与相应生产单位的组织形式相结合。

生产过程的时间组织

生产过程的时间组织是指生产过程各工序之间的衔接协调，以尽量缩短生产周期。其主要有三种方式：①顺序移动方式，整批产品在上一道工序全部加工完成以后，运送到下一道工序加工；②平行移动方式，一批产品中每一件产品在某道工序加工完成以后，立即转入下一道工序；③平行顺序移动方式，前两种方式的结合。

二 农产品加工业生产质量管理

1. 技术准备过程的质量控制

质量控制策划

质量控制策划是指对质量计划、体系文件和程序文件作出明确规定，对影响生产过程的质量因素，即人、机、物料、工艺方法、生产环节等因素加以系统控制的活动，包括制定质量统计与检验技术规程，控制和优化工艺流程，建立过程检验和最终验证报告制度，制定和形成适宜的清洁和防护程序文件，研究改进生产过程质量的新方法，等等。

过程能力控制

在技术准备过程中，应对过程能力是否符合产品规范进行验证。过程能力的验证包括材料、设备、计算机系统及其软件、程序、人员和相关作业。

辅助材料、设施、环境的验证

主要是对辅助材料和设施的控制和定期验证，如生产用水、压缩空气、电源、化学用品等；对湿度、温度和卫生等生产环境的控制和验证。

搬运控制

产品搬运要有适当的计划、控制，即对材料、在产品、最终产品等的搬运，按规定制度执行。产品搬运应正确地选择和使用货盘、容器、传送装置和运输工具，以保证产品在生产或交付过程中避免因震动、撞击、磨损、腐蚀、温度或任何其他情况造成损坏或变质。

2. 基本生产过程的质量控制

过程控制的内容

①技术文件控制。制造过程所使用的技术文件必须正确、完整、协调、统一、清晰、文图相符。②过程更改控制。③物料控制。进入制造过程的材料和零部件均应符合规定的质量要求。④设备控制。应按规定进行验证、验收，确保设备技术状态良好。⑤人员控制。各生产过程的操作人员、检验人员都必须掌握必备的知识、技能和相关技术。⑥环境控制。提供适宜的加工环境，满足工艺技术的要求，遵守环境保护的有关法规。

最终产品的验证

产品质量验证的基本功能是“鉴别、把关和报告”验证产品质量的符合性，即对产品的鉴别、把关，将产品验证报告及时反馈给决策部门，以便对产品生产过程或质量体系采取修正措施。

3. 辅助服务过程的质量控制

辅助服务过程主要包括物资供应、设备维修保养、工具制造与供应、燃料动力供应、仓库保管、运输服务等环节。

物资供应的质量控制

物资供应过程质量控制的任务是指保证所供应的物资符合规定的质量标准，按质按量及时供应，合理储备。为此，必须对入库前的物资进行严格质量检验和验收工作，加强物资的储存管理。

设备的质量控制

是指对生产设备的购买、验收、安装、使用、维护保养、定期检修，确保其技术状态完好、性能稳定。

工具、量具、工装供应的质量控制

大多数工具、量具、工装使用的时间较长，为了对其进行有效的质量控制，应做到：第一，必须建立专门机构，进行监督控制；第二，严格工作程序，把握质量标准，如量具的验收、保养、发放、鉴定、校正和修理等过程要符合规定的程序要求。

第五章

农民专业合作社经济组织

第一节　农民专业合作社概述

一　农民专业合作社的含义

农民专业合作社的概念

农民专业合作社是指以农村家庭承包经营为基础，通过提供农产品的销售、加工、运输、贮藏以及与农业生产经营有关的技术、信息等服务来实现成员互助目的的具有互助性质的经济组织。

农民专业合作社属于农民合作型的组织类型，其最根本的基础是家庭承包经营，每个成员均是合作社的权利享有人以及责任承担人。通过农民专业合作社可以提升整体农业的生产力水平以及在市场环境中的竞争力，能够为农产品的生产、销售、加工、运输、贮藏等各项服务工作提供更为专业的基础，其对农业的长期发展以及农业经济水平的提升有非常重要的促进作用。

二　农民专业合作社的类型

农民专业合作社主要按合作的领域和组织的形式进行分类。

1. 按照合作领域分类

生产型合作　农业生产全过程的合作、农业生产过程某些环节的合作和农产品加工的合作等。

流通型合作　农业生产资料和农民生活资料的供应，农产品的购销、储运等方面的合作。

信用型合作　农民为解决农业生产和流通中的资金需要而成立的合作组织，如我国现阶段的农村信用社等合作金融组织。

其他类型合作　如消费合作社、合作医疗等。

2. 按照组织形式分类

农业专业合作	一般是指专业生产方向相同的农户联合组建的专业协会、专业合作社等，以解决农业生产中的技术问题或农产品的销售问题等。
社区性合作	以农村社区为单元组织的合作，由于社区性合作经济组织与农村行政社区结合在一起，是联结政府与农民、农户与社区外其他经济组织的桥梁和纽带。
股份合作	以土地、资金、劳动等生产要素入股联合组建的合作经济组织。它是劳动联合与物质要素联合的结合体，实行股份制与合作制的运行机制相结合，实行按劳分配与按股分红相结合。

三　农民专业合作社的作用

增强农户在市场上的力量

由于我国农户的规模太小，其在市场上处于劣势，所以农户只能是市场价格的接收者。在小规模农户组成营销合作经济组织后，在市场上与加工营销商进行交涉的就是规模较大的合作经济组织而非单个农户，这样就增加了其在市场上的力量。

实现规模经济

合作经济组织可以把小规模的家庭经营联合起来，从而实现规模经济。通过合作经济组织实现的规模经济既包括生产领域的合作经济组织，也包括流通领域的合作经济组织。

减轻风险和不确定性

通过组建合作经济组织可以减轻农户的市场风险，因为这样可以使农户生产的农产品有稳定的市场、价格，获得稳定的收益。

第二节 建立和管理农民专业合作社

一 农民专业合作社的设立条件

（1）农民专业合作社应当有5名以上成员，其中农民至少应当占成员总数的80%。成员总数20人以下的，可以有1个企业、事业单位或者社会团体成员；成员总数超过20人的，企业、事业单位和社会团体成员不得超过成员总数的5%。

（2）有符合规定的章程。

（3）有符合规定的组织机构。

（4）有符合规定的名称和章程确定的住所。农民专业合作社的名称应当含有“专业合作社”字样，并符合国家有关企业名称登记管理的规定。农民专业合作社的住所是其主要办事机构所在地。

（5）有符合章程规定的成员出资。农民专业合作社成员可以用货币出资，也可以用实物、知识产权等能够用货币估价并可以依法转让的非货币财产作价出资。成员以非货币财产出资的，由全体成员评估作价。成员不得以劳务、信用、自然人姓名、商誉、特许经营权或者设定担保的财产等作价出资。成员的出资额以及出资总额应当以人民币表示，成员出资额之和为成员出资总额。

二 农民专业合作社的登记

农民专业合作社经登记机关依法登记，领取农民专业合作社法人营业执照，取得法人资格。未经依法登记，不得以农民专业合作社名义从事经营活动。

1. 设立登记

设立农民专业合作社，应当向工商行政管理部门提交相关材料。

申报材料

（1）登记申请书。

（2）全体设立人签名、盖章的设立大会纪要。

（3）全体设立人签名、盖章的章程。

（4）法定代表人、理事的任职文件及身份证明。

（5）出资成员签名、盖章的出资清单。

（6）成员名册及成员身份证明。

（7）住所使用证明。

（8）指定代表或委托代理人的证明。

如果业务范围在登记前须经批准，还应当提交批准文件。

2. 变更登记和注销登记

办理变更登记

已经登记的事项如果发生变更，应及时到原登记机关申请变更登记。

办理注销登记

存在以下情形之一的，须办理注销登记：

（1）农民合作社的业务范围须经批准，但因特定事由许可证或批准文件被吊销、撤销的或有效期届满的。

（2）经清算组清算结束的。

（3）因合并、分立而解散的。

三 农民专业合作社的解散和清算

1. 农民专业合作社的解散

章程规定的解散事由出现

解散事由是合作社章程的必要记载事项。合作社的设立大会在制定合作社章程时可以预先约定合作社的各种解散事由，如合作社的存续期间、完成特定业务活动等。

成员大会决议解散

成员大会是合作社的权力机构，依法有权对合作社的解散事项作出决议。农民合作社召开成员大会，作出解散的决议应当由本社成员表决权总数的 2/3 以上通过。章程对表决权数有较高规定的，从其规定。成员大会决议解散合作社，不受合作社章程规定的解散事由约束，可以在合作社章程规定的解散事由出现前，根据成员的意愿决议解散合作社。

因合并或者分立需要解散

当合作社吸收合并时，吸收方存续，被吸收方解散；当合作社新设合并时，合并各方均解散。当合作社分立时，如果原合作社存续，则不存在解散问题；如果原合作社分立后不再存在，则原合作社应解散。合作社的合并、分立应由成员大会作出决议。

依法被吊销营业执照或者被撤销

依法被吊销营业执照是指依法剥夺被处罚合作社已经取得的营业执照，使其丧失合作社经营资格。被撤销是指由行政机关依法撤销农民合作社登记。农民合作社向登记机关提供虚假登记材料或者采取其他欺诈手段取得登记的，由登记机关责令改正；情节严重的，撤销登记。合作社违反法律、行政法规被吊销营业执照或者被撤销的，应当解散。

2. 农民专业合作社解散后的清算

清算是指农民专业合作社在解散后依照法定程序清理合作社债权债务，处理合作社剩余财产，使合作社归于消灭的法律行为。清算的目的是保护合作社成员和债权人的利益。除合作社合并、分立两种情形外，合作社在解散后都应当依法进行清算。

（1）清算组的成立

因章程规定的解散事由出现、成员大会决议解散或者依法被吊销营业执照、被撤销等原因解散的，应当在解散事由出现之日起15日内由成员大会推举成员组成清算组，开始解散清算。逾期不能组成清算组的，成员、债权人可以向人民法院申请指定成员组成清算组进行清算，人民法院应当受理该申请，并及时指定成员组成清算组进行清算。

（2）清算组的职权

清算组是指在合作社清算期间负责清算事务执行的法定机构。合作社一旦进入清算程序，理事会、理事、经理即应停止执行职务，而由清算组行使管理合作社业务和财产的职权，对内执行清算业务，对外代表合作社。自清算组成立之日起接管农民专业合作社，负责处理与清算有关的未了结业务，清理财产和债权、债务，分配清偿债务后的剩余财产，代表农民专业合作社参与诉讼仲裁或者其他法律程序，并在清算结束时办理注销登记。清算组成员应当忠于职守，依法履行清算义务，因故意或者重大过失给农民专业合作社成员及债权人造成损失的，应当承担赔偿责任。

（3）清算的程序

第一步　通知、公告合作社成员和债权人。合作社在解散清算时，由清算组通知本社成员和债权人有关情况，通知公告债权人在法定期间内申报自己的债权。为了顺利完成债权登记、债务清偿和财产分配，避免和减少纠纷，清算组应当自成立之日起10日内通知本社成员和明确知道的债权人；对于不明确的债权人或者不知道具体地址和其他联系方式的，由于难以通知其申报债权，清算组应自成立之日起60日内在报纸上公告，催促债权人申报债权。如果在规定的期间内全部成员、债权人均已收到通知，则免除清算组的公告义务。债权人应在规定的期间内向清算组申报债权。债权人在申报债权时应明确提出其债权内容、数额，债权成立的时间、地点，有无担保等事项，并提供相关证明材料，清算组对债权人提出的债权申报应当逐一查实，并做出准确翔实的登记。

第二步　制定清算方案。清算组在清理合作社财产、编制资产负债表和财产清单后，应尽快制定包括清偿农民专业合作社员工的工资及社会保险费用，清偿所欠税款和其他各项债务以及分配剩余财产在内的清算方案。清算组在制定清算方案后，应报成员大会通过或者人民法院确认。

第三步　实施清算方案。清算方案经农民专业合作社成员大会通过或者人民法院确认后实施。清算方案的实施必须在支付清算费用、清偿员工工资及社会保险费用，清偿所欠税款和其他各项债务后，再按财产分配的规定向成员分配剩余财产。如果发现合作社财产不足以清偿债务的，清算组应当停止清算工作，依法向人民法院申请破产。

第四步　清算结束办理注销登记。办理完合作社的注销登记，清算组的职权终止，清算组即行解散，不得再以合作社清算组的名义进行活动。

需注意的是，农民专业合作社接受国家财政直接补助形成的财产，在解散、破产清算时，不得将其作为可分配的剩余资产分配给成员；破产财产在清偿破产费用和公益债务后，应当优先清偿破产前与农民成员已发生交易但尚未结清的款项。

四　农民专业合作社的管理

（一）农民专业合作社成员的权利和义务

1. 成员的权利

（1）参加成员大会，并享有表决权、选举权和被选举权，按照章程规定对本社实行民主管理。

（2）利用本社提供的服务和生产经营设施。

（3）按照章程规定或者成员大会决议分享盈余。

（4）查阅本社的章程、成员名册、成员大会或成员代表大会记录、理事会会议决议、监事会会议决议、财务会计报告和会计账簿。

（5）章程规定的其他权利。

2. 成员的基本表决权和附加表决权

成员大会的选举和表决实行一人一票制，每一个成员不论是农民成员还是法人成员，均享有一票的基本表决权。

附加表决权是指出资额或者与本社交易量较大的成员，可以享有的超出基本表决权的表决权。是否享有附加表决权，要看全体成员共同制定的章程中对此是否加以规定。如果规定此权利，不得超过基本表决权总票数的20%。章程还可以限制附加表决权行使的范围。

3. 成员的义务

（1）执行成员大会、成员代表大会和理事会的决议。

（2）按照章程规定向本社出资。

（3）按照章程规定与本社进行交易。

（4）按照章程规定承担亏损。

（5）章程规定的其他义务。

（二）农民专业合作社的组织机构

1. 法定组织机构

（1）成员大会。农民专业合作社的成员大会由农民专业合作社的全体成员组成。成员大会是农民专业合作社的权力机构，负责就合作社的重大事项作出决议，集体行使权力。成员大会以会议的形式行使权力，而不采取常设机构或者日常办公的方式。成员参加成员大会是法律赋予所有成员的权利，也是合作社“成员地位平等，实行民主管理”原则的体现，所有成员都可以通过成员大会参与合作社事务的决策和管理。成员大会行使下列职权：

①修改章程。合作社章程的修改需要由本社成员表决权总数的2/3以上成员通过。

②选举和罢免理事长、理事、执行监事或者监事会成员。理事会（理事长）、监事会（执行监事）分别是合作社的执行机关和监督机关。其任免权应当由成员大会行使。

③决定重大财产处置、对外投资、对外担保和生产经营中的其他重大事项。重大事项是否可行、是否符合合作社和大多数成员的利益应由成员大会作出决定。

④批准年度业务报告、盈余分配方案、亏损处理方案。年度业务报告是指对合作社年度生产经营情况进行的总结，对年度业务报告的审批结果体现了对理事会（理事长）、监事会（执行监事）一年工作的评价。盈余分配和亏损处理方案关系到所有成员获得的收益和承担的责任，成员大会有权审批。如果成员大会认为方案符合要求，就予以批准；反之，则不予批准，可以责成理事长或者理事会重新拟定有关方案。

⑤对合并、分立、解散、清算作出决议。合作社的合并、分立、解散关系合作社的

存续状态，与每个成员的切身利益相关。因此，这些决议至少应当由本社成员表决权总数的 2/3 以上通过。

⑥决定聘用经营管理人员和专业技术人员的数量、资格和任期。农民专业合作社是由全体成员共同管理的组织，成员大会有权决定合作社聘用管理人员和技术人员的相关事项。

⑦听取理事长或者理事会关于成员变动情况的报告。成员变动情况关系到合作社的规模、资产和成员获得收益与分担亏损等诸多因素，成员大会有必要及时了解成员增加或者减少的变动情况。

⑧章程规定的其他职权。除上述七项职权外，章程对成员大会的职权还可以结合本社的实际情况做其他规定。

（2）理事长。农民专业合作社作为法人进行工商登记后从事生产经营活动，必须从设立起就明确合作社的法定代表人。因此，农民专业合作社法规定理事长为本社的法定代表人。合作社设理事长是农民专业合作社法明确规定的。不管合作社的规模大小、成员多少，也不管合作社有无理事会，都要设理事长。

2. 任意组织机构

（1）成员代表大会。农民专业合作社存在发展规模、成员分布地域等不同情况，要求所有成员在统一的时间内集中召开成员大会往往难以实现。为了保证合作社成员能够依法有效行使民主管理的权利，降低召开成员大会的成本，提高议事效率，农民专业合作社法规定，成员超过 150 人的农民专业合作社可以设立成员代表大会。成员总数达到这一规模的合作社可以根据自身发展的实际情况决定是否设立成员代表大会。需要设立成员代表大会的合作社应当在章程中载明相关事项，并按照章程的规定设立成员代表大会。

（2）理事会。《中华人民共和国农民专业合作社法》（以下简称《农民专业合作社法》）规定，农民专业合作社都要设理事长，理事会可以设立，也可以不设立。合作社规模较小，成员人数很少，没有必要设立理事会的，由一个成员信任的人作为理事长来负责合作社的经营管理工作，以利于精简机构，提高效率。关于合作社是否设立理事会及理事的人数等事项，农民专业合作社法并未做强制性规定，而由合作社章程规定。理事长、理事会由成员大会从本社成员中选举产生，对成员大会负责。其产生办法、职权、任期、议事规则由章程规定。

（3）监事会或执行监事。执行监事或者监事会是农民专业合作社的监督机关，对合作社的财务和业务执行情况进行监督。执行监事是指仅由一人组成的监督机关，监事会是指由多人组成的团体担任的监督机关。

农民专业合作社可以设执行监事或者监事会。农民专业合作社的监督是由全体成员进行的监督，强调的是成员的直接监督。因此，农民专业合作社法规定，执行监事或者监事会不是农民专业合作社的必设机构。如果成员大会认为需要提高效率，就可以根据实际情况选择设执行监事或者监事会。是否设执行监事或监事会由合作社在章程中规定。一般来讲，合作社设执行监事的，不再设监事会。

（4）经理。《农民专业合作社法》规定，农民专业合作社的理事长或者理事会可以按照成员大会的决定聘任经理。经理应当按照章程规定和理事长或者理事会授权，负责农民专业合作社的具体生产经营活动。因此经理是合作社的雇员，在理事会（理事长）的领导下工作，对理事会（理事长）负责。经理由理事会（理事长）决定聘任，也由其决定解聘。农民专业合作社的理事长或者理事可以兼任经理。理事长或者理事兼任经理的，也应当按照章程规定和理事长或者理事会授权履行经理的职责，负责农民专业合作社的具体生产经营活动。

经理不是农民专业合作社的法定机构。合作社可以聘任经理，也可以不聘任经理；经理可以由本社成员担任，也可以从外面聘请。是否需要聘任经理由合作社根据自身的经营规模和具体情况而定。聘任经理或者由理事长、理事兼任经理的，由经理按照章程规定和理事长或者理事会授权，负责农民专业合作社的具体生产经营活动；否则，由理事长或者理事会直接管理农民专业合作社的具体生产经营活动。

（三）农民专业合作社的章程

农民专业合作社的章程由全体设立人制定，所有加入该合作社的成员都必须承认并遵守。章程应当采用书面形式，全体设立人在章程上签名、盖章。农民专业合作社的章程是农民专业合作社自治特征的重要体现，因此农民专业合作社的重要事项都应当由成员协商后规定在章程之中。

修改章程要经成员大会作出修改章程的决议，并应当依照农民专业合作社法的规定，由本社成员表决权总数的2/3以上通过。章程也可以对修改章程的程序和表决权数作出更严格的规定。农民专业合作社章程应当载明下列事项：

（1）名称和住所。

（2）业务范围。

（3）成员资格及入社、退社和除名。

(4)成员的权利和义务。

(5)组织机构及其产生办法、职权、任期、议事规则。

(6)成员的出资方式、出资额。

(7)财务管理和盈余分配、亏损处理。

(8)章程修改程序。

(9)解散事由和清算办法。

(10)公告事项及发布方式。

(11)需要规定的其他事项。

五 农民专业合作社的财产制度

(一) 农民专业合作社的财产权利

1. 合作社的财产权利

农民专业合作社法规定,合作社对成员出资、公积金、国家财政补助和社会捐赠形成的财产,享有占有、使用和处分的权利。该规定实质上明确了合作社对财产的独立支配的权利,而不苛求拥有对这些财产的所有权。农民专业合作社对以上财产的债务承担责任,是合作社行使财产处分权利的重要形式。

2. 成员的财产权利

在农民专业合作社中,成员的财产权利表现在以下方面:

(1)成员向合作社的出资在本质上是将其个人拥有的财产授权于合作社支配。在合作社存续期间,其作为合作社成员与其他成员以共同控制的方式行使对所有成员出资的支配权。

(2)合作社应当为每一个成员设立成员账户,用以记载成员出资、公积金份额和交易量(额),作为成员参加盈余分配的重要依据。这也说明了成员对其出资和享有的公积金份额拥有终极所有权。《农民专业合作社法》规定,成员资格终止的,农民专业合作社应当按照章程规定的方式和期限,退还记载在该成员账户内的出资额和公积金份额;对成员资格终止前的可分配盈余,依照本法第四十四条的规定向其返还;明确规定资格终止的,成员应当按照章程规定分摊资格终止前本社的亏损及债务。

(二) 农民专业合作社的成员账户制度

成员账户是指农民专业合作社在进行某些会计核算时要为每位成员设立明细

科目分别核算。根据《农民专业合作社法》的规定，成员账户主要包括三项内容：一是该成员的出资额；二是量化为该成员的公积金份额；三是该成员与本社的交易量（额）。这些单独记录的会计资料是确定成员参与合作社盈余分配、财产分配的重要依据。

（三）农民专业合作社的盈余分配制度

合作社盈余的分配主要应根据交易量（额）的比例进行返还，按交易量（额）比例返还的盈余不得低于可分配盈余的60%。比如农产品销售合作社，如果成员都不通过合作社销售农产品，合作社就收购不到农产品，也就无法运转。对于农业生产资料合作社而言，如果成员不通过合作社购买生产资料，合作社也就失去了存在的必要。因此，成员享受合作社服务的量（即与合作社的交易量）就是衡量成员对合作社贡献的最重要依据。成员与合作社的交易量就是产生合作社盈余的最重要来源（当然，成员出资也扮演了重要角色）。

按交易量（额）的比例返还是盈余返还的主要方式，但不是唯一途径。根据《农民专业合作社法》的规定，合作社可以根据自身情况，按照成员账户中记载的出资和公积金份额以及本社接受国家财政直接补助和他人捐赠形成的财产平均量化到成员的份额，按比例分配部分利润。

在现实中，一个合作社中成员出资不同的情况大量存在。在我国农村资金比较缺乏，合作社资金实力较弱的情况下，必须足够重视成员出资在合作社运作和获得盈余中的作用。适当按照出资进行盈余分配可以使出资多的成员获得较多的盈余，从而实现鼓励成员出资、壮大合作社资金实力的目的。此外，成员账户中记载的公积金份额、本社接受国家财政直接补助和他人捐赠形成的财产平均量化到成员的份额也都应当作为盈余分配时考虑的依据。其主要原因是补助和捐赠的财产以合作社为对象的，由此产生的财产则应当归全体成员所有，并可以此作为盈余分配考虑的依据。

（四）农民专业合作社的财务管理制度

农民专业合作社的财务制度直接关系到合作社能否健康有序运行，同时关系到成员的切身利益。农民专业合作社法主要从以下五个方面进行了规定：

（1）农民专业合作社应当按照国务院财政部门制定的财务会计制度进行会计核算。

（2）农民专业合作社实行财务公开制度，理事长或者理事会应当按照章程规定，组织编制年度业务报告、盈余分配方案、亏损处理方案以及财务会计报告，以供成员查阅。

(3)实施成员账户制度，为每一个合作社的成员建立账户，明确记载该成员的出资、公积金以及与其所在合作社的交易量(额)，以保护每一个成员的财产权。

(4)对于农民专业合作社与其成员和非成员之间的交易实行分别核算制度，一方面体现了农民专业合作社区别于其他经济组织的本质特征，另一方面也保证了国家扶持政策的有效落实。

(5)合作社应当设立不可分割的公共积累，以满足合作社发展的资金需求。同时对农民专业合作社的公积金制度做了比较灵活的处理：一是是否提取公积金由合作社自己决定，即不设置法定公积金制度；二是提取的公积金应当量化到每一个成员，记载在成员账户中，并作为成员参与盈余分配的依据，以保护成员的财产权利；三是成员在退社时可以按照成员账户中的记载，带走其出资和相应的公积金。

第三节　我国农民专业合作社的现状

一　综合性农协

1. 组织体系构建

以供销社、信用社和专业合作社为依托，融入其他为农服务的组织资源，包括加工企业和技术服务组织等，构建综合性农协组织体系。农协应根据区域农业的发展特点及农村实际需要，按照扩大规模、减少组织层次的原则，设立多层级组织体系，可以按行政区域设置，也可以跨区域设置。综合性农协设有金融、购销、加工、互助、技术和信息五个服务平台。各个服务平台灵活运用合作制、股份合作制或股份制原则，构建利益协调机制和产权联结机制。

2. 农协定位

农协是综合性的服务组织，设有五个服务平台，各个平台之间分工负责、密切协作，共同承担为农户和农村社区服务的任务，做到农民需要什么服务，就提供什么服务。

农协是政府与专业合作社和其他服务组织之间的桥梁和纽带。它具有行业协会的性质，可被赋予相应的职能。这些职能可以包括参与农产品质量监督和政策制定，协调农产品生产、销售、加工环节的利益分配关系，组织与其他产业化组织开展战略合作等。

二　农民合作社联合组织体系构建

1. 组织体系构建

农民合作社联合组织体系应以农业主导产品或产业为基础，设计多个组织体系。每个组织体系根据产品和服务的特点，设计成区域性、省级或全国性农民合作社联合组织体系，上一级农民合作社联合社为下一级农民合作社联合社及农民合作社提供专业方面的服务。

2. 农民合作社联合组织体系定位

农民合作社联合社是一个专业性质的服务组织，围绕某一产品或同类产品开展技术、信息、指导、加工、贮藏等方面的服务，可设有信息、技术、加工、贮藏、展销服务平台，共同承担为专一产品或同类产品专业合作社提供相应服务的职责。单一合作社无法完成或者较难完成的任务由农民合作社联合会提供解决方案和组织支持。

农民合作社联合组织体系与综合性农协是相互补充、分工协作的关系。在纵向联合的基础上，其与综合性农协相互协作和对接。农民合作社联合组织体系负责单一产品或同类产品的技术、信息、指导、加工、贮藏等服务，共同解决某一产品的加工和贮藏问题、专业技术和信息服务，为农民合作社提供指导和咨询服务。综合性农协主要解决农民所面临的共性服务内容，包括金融、社区生活、加工、生产资料等方面的服务。综合性农协的加工服务是深层次的加工服务。

三　存在的局限性

1. 人才短缺

人才是农民专业合作社持续发展的重要支撑，是推动合作社提升素质、健康快速发展的第一资源。充实人才队伍，吸纳一批善经营、会管理、懂技术、有奉献精神的人才，是合作社的当务之急。当前，很多农民专业合作社成员文化水平普遍偏低。这也是我国农村地区长期以来的积弊。虽然很多合作社在组织形式上已经具备组织经营的各种条件，但在社员素质上却仍与其他企业存在较大差距，人才的短缺导致许多先进技术、规模化经营理念等在推广时遇到阻碍，从而影响农业专业合作社经济效益的提升。

2. 资金不足

任何一个经济组织的发展都离不开资金的支持。虽然各项政策促使合作社迅速发展，但也相继出现一些问题，规模较小、资金供需不平衡、内部管理不规范等情况的发生制约了合作社的发展，而资金供需失衡问题尤其严重。

3. 农业产品的市场地位

在经营农业产品时，传统农业生产和经营意识的根深蒂固导致很多农业产品不会形成品牌。即使能够形成具有一定影响力的品牌，但在经营方面仍会受到一定限制，难以在市场中形成独特的品牌影响力。如果大多数农业产品无法集中参与市场经营，就不能够在市场中形成一种特殊的影响力。没有品牌作为经营的保障，就难以在市场中长久立足，导致目前农民专业合作社在市场经营中的影响力还达不到预期的水平。

第四节　农民专业合作社的政策补贴

一　产业政策倾斜

《农民专业合作社法》第六十四条规定，国家支持发展农业和农村经济的建设项目，可以委托和安排有条件的有关农民专业合作社实施。只要适合农民专业合作社承担的涉农项目都应将农民专业合作社纳入申报范围，明确申报条件。

1. 申报条件

农民专业合作社承担相关涉农项目应具备以下条件：

（1）经工商行政管理部门依法登记并取得农民专业合作社法人营业执照。

（2）有符合法律、法规规定的组织机构、章程和财务管理等制度。

（3）经营状况和信用记录良好。

（4）符合有关涉农项目管理办法（指南）规定的各项条件。

2. 申报程序

符合条件的农民专业合作社可以按照政府有关部门项目指南的要求，向项目主管部门提出承担项目申请，经项目主管部门批准后实施。

3. 申报优势

（1）合作社重点享受国家政策倾斜。国家各项惠农政策的扶持主体正逐渐从农业企业向农民专业合作社倾斜。

（2）合作社拥有“对话政府”的权利。合作社项目申报间接拥有与政府直接对话的权利。因为合作社直接代表农民群体，与政府的关系是指导、扶持和服务的关系，不是领导与被领导的关系。合作社主管部门以项目申报标准和要求指导合作社规范化、规模化发展。合作社通过项目申报向政府反映生产经营状况、社员合作关系、农民的基本诉求。

（3）合作社项目申报门槛低，机会大。相比公司申报项目，合作社成功机会更大。国家各项惠农政策不断向农民专业合作社倾斜，扶持项目逐年增加，扶持资金逐年增长，合作社受益范围随之扩大。

（4）申报材料简易，编撰难度低。相关部门充分考虑合作社的特殊情况，最大限度地简化了合作社申报项目的材料要求。

二　财政扶持政策

1. 优先获得农机购置补贴

国家明确规定农民专业合作社购买农机具优先给予补贴。

2. 提高省储粮交售奖励标准

在省储粮交售奖励上，我国部分地区也重点扶持农民专业合作社，奖励标准比一般农户要高。

3. 发放“农机作业券”

有的地区以“农机作业券”形式支持农民专业合作社。

4. 专项经费扶持

部分地区对合作社加强自身建设提供经费支持。

5. 为合作社提供更优的服务

地方政府为合作社提供更多的技术服务和生产资料支持。

三　金融扶持政策

根据《农民专业合作社法》第六十六条规定，国家政策性金融机构应当采取多种形式，为农民专业合作社提供多渠道的资金支持。国家鼓励商业性金融机构采取多种形式，为农民专业合作社及其成员提供金融服务。

四 税收优惠政策

根据《财政部 国家税务总局关于农民专业合作社有关税收政策的通知》规定，对农民专业合作社的税收政策可按下列情况办理：

（1）对农民专业合作社销售本社成员生产的农业产品，视同农业生产者销售自产农业产品，免征增值税。

（2）增值税一般纳税人从农民专业合作社购进的免税农产品，可按 13% 的扣除率计算抵扣增值税进项税额。

（3）对农民专业合作社向本社成员销售的农膜、种子、种苗、化肥、农药、农机，免征增值税。

（4）对农民专业合作社与本社成员签订的农业产品和农业生产资料购销合同，免征印花税。

第六章

农业产业化龙头企业

第一节 农业产业化及农业产业化龙头企业概述

一 农业产业化的含义

农业产业化概念

在市场经济条件下，以经济利益为目标，将农产品生产、加工和销售等不同环境的主体联结起来，实行农工商、产供销的一体化、专业化、规模化、商品化经营。农业产业化促进传统农业向现代农业转变，能够解决当前一系列农业经营和农村经济深层次的问题和矛盾。

二 农业产业化龙头企业的含义

农业产业化龙头企业概念

以农产品生产、加工或流通为主，通过订单合同、合作方式等各种利益联结机制与农户相互联系，带动农户进入市场，实现产供销、贸工农一体化，农产品生产、加工、销售能有机结合、相互促进，具有开拓市场、促进农民增收、带动相关产业等作用，在规模和经营指标方面达到规定标准并经过政府有关部门认定的企业。

三 农业产业化龙头企业的优势

1. 提升农产品竞争力

农业产业化龙头企业弥补了农户分散经营的劣势，将农户分散经营与社会化大市场有效对接，利用企业优势进行农产品加工和市场营销，增加了农产品的附加值，弥补了农户生产规模小、竞争力有限的不足，延长了农业产业链条，改变了农产品直接进入市场、农产品附加值较低的局面。同时，将技术服务、市场信息和销售渠道带给农户，提高了农产品精深加工水平和科技含量，提高了农产品市场开拓能力，减小了经营风险，提供了生产销售的通畅渠道。通过解决农产品销售问题刺激了种植业和养殖业的发展，农产品竞争力得到了提升。

2. 较为雄厚的资金、技术和人才优势

龙头企业改变了传统农业生产自给自足的落后局面，用工业发展理念经营农业，加强了专业分工和市场意识，为农户农业生产的各个环节提供一条龙服务，包括生产技术、金融服务、人才培训、农资服务、品牌宣传等生产性服务，实现了企业与农户之间的利益联结，显著提高了农业的经济效益，促进了农业可持续发展。

3. 有利于促进农民增收

一方面，龙头企业通过收购农产品直接带动农民增收。企业与农户建立契约关系，成为利益共同体，向农民提供必要的生产技术指导，提高农业生产的标准化水平，促进农产品质量和产量的提升，保证了农民的生产销售收入；同时也增强了我国农产品的国际竞争力，创造了更多的市场需求。农户还可以资金等多种要素的形式入股农业产业化龙头企业，获得企业分红。另一方面，农业产业化龙头企业的发展创造了大量的劳动就业岗位，释放了农村劳动力，解决了部分农村劳动力的就业问题。

4. 提升了农业产业竞争力

农业产业化龙头企业的发展提高了农业产业化水平，促进了农产品产供销一体化经营。通过技术创新和农产品深加工，提高资源的利用效率，提高了农产品质量，解决了农产品难卖的问题。同时，改造了传统农业，促进大产业、大基地和大市场的形成，形成从资源开发到高附加值的良性循环，提升了农业产业竞争力，起到了农产品结构调整的示范作用和市场开发的辐射作用，带动农户走向农业现代化。

5. 具备核心竞争力和抗风险能力

龙头企业注意培养企业的核心竞争力，增强抗风险能力。农业产业化龙头企业是农村的有机组成部分，具有一定的社会责任。龙头企业参与农村村庄规划，配合农村建设，合理规划生产区、技术示范区、生活区、公共设施等区域，并且制定必要的环保标准，推广节能环保的设施建设。在形成完全的公司化管理后，龙头企业还可以将农民纳入社会保障体系，从而维护了农村社会的稳定发展。

第二节　农业产业化龙头企业的发展

一　农业产业化龙头企业的发展背景

1. 农业产业化龙头企业发展受到重视

党中央、国务院高度重视农业产业化龙头企业发展。2000 年 1 月，中共中央、国务院在《关于做好 2000 年农业和农村工作的意见》中首次明确提出“在全国选择一批有基础、有优势、有特色、有前景的龙头企业作为国家支持的重点”。2000 年 10 月，农业部等八部委联合印发《关于扶持农业产业化经营重点龙头企业的意见》，并经八部委联席会议审定公布了第一批 151 家国家重点龙头企业名单。之后，各省市相继出台评定指标、管理办法及众多支持政策。2012 年 3 月，国务院发布了《国务院关于支持农业产业化龙头企业发展的意见》，龙头企业发展进入“黄金期”。

2019 年中央一号文件提出，培育农业产业化龙头企业和联合体。2019 年 6 月 28 日，国务院印发的《关于促进乡村产业振兴的指导意见》（国发〔2019〕12 号）提出，培育多元融合主体，支持农业产业化龙头企业发展，引导其向粮食主产区和特色农产品优势区集聚。中央农村工作领导小组办公室和农业农村部印发的《关于做好 2019 年农业农村工作的实施意见》强调，认定一批农业产业化国家重点龙头企业，引导龙头企业与合作社、农户建立股权式契约式利益分享机制。

2. 传统农业改造升级

知识经济的兴起对我国农业产业化龙头企业的发展产生了影响。在知识经济时代下，网络技术的充分应用，信息交流方式的改变，信息传播速度大幅加快影响了企业的生产经营模式。企业发展需要不断加强管理创新，保持组织灵活性，以适应日新月异的外部环境。在企业内部要建立通畅的信息交流网络，实现内部信息共享和交流；通过现代网络技术构建与外部的交流平台，以及时了解客户需求和市场信息，并及时按照需求变化调整生产经营计划，逐步实现线上交易，节约交易成本。我国的农业企业在此背景下要面临激烈的技术竞争，也要实现传统产业的升级。尤其是作为传统农业改造升级的中坚力量，农业产业化龙头企业要承担提高农业产出水平和收益水平并维护经济发展和社会稳定的重要职责。龙头企业要积极引进先进科学技术，提高技术水平，加强创新能力，实现持续革新，保持永久活力，树立品牌意识和危机意识，摆脱对国外先进技术的依附，在市场竞争中争取主动。

3. 适应市场需求的变化

目前我国处于快速发展和经济转轨阶段，城市化水平不断提高，对农业产业化龙头企业的发展和定位提出新的要求。人民收入水平的不断提高对健康和安全的关注度增强，对农产品的消费逐步由数量型向质量型转变，对有机食品、无公害食品和绿色食品需求增加，对方便、营养、卫生的标准要求提高，对亲近自然、休闲农业的关注度增强。农业产业化龙头企业要适应这些市场需求的变化，在提高农产品质量、创新产品品种的同时，还要注意满足消费者的个性化需求，并以此为契机争取创新资源，在注意市场导向的前提下提升战略管理水平，提高盈利能力。

4. 经济全球化带来的机遇与挑战

随着经济全球化的发展，劳动分工的深化和跨国公司的兴起导致经济资源在全球范围内流动和配置。我国与其他国家的贸易往来更加密切，经济的全球一体化，为农业产业化龙头企业的发展带来机遇，也带来严峻挑战。

农业产业化龙头企业可以通过引进外资、技术和管理经验提高自身生产经营管理能力。市场环境促使我国农产品加工程度深化，农产品档次提高。我国农业企业可以借鉴先进经验，发挥后发优势，瞄准目标，提高自身实力，通过规范运作、科学管理、加强创新，发展成为效益优良的现代农业产业化龙头企业。

国外农产品的涌入给我国农业产业化龙头企业带来了更加激烈的市场竞争。其他国家在降低我国农产品关税的同时，也提高了非关税壁垒和检疫检验的要求。由于发达国家的技术法规和标准普遍高于发展中国家，我国农业产业化龙头企业在拓展国际市场时可能会遭遇更多困难和压力。一方面要面对发达国家要求的技术法规和标准，另一方面要通过结构性和技术性调整适应这种严格标准，这会增加企业的经济负担和成本。就目前我国农业企业的现状来看，规模还都较小，技术含量不高，市场意识和品牌意识较差，在国际竞争中处于劣势地位。如果要适应全球化的发展，就要注重生产技术和创新能力的提高，这样才能打破发达国家的关税壁垒，在国际市场上占有一席之地。

二　农业产业化龙头企业与农户的利益联结机制

农业产业化龙头企业与农户结成利益共同体有以下几种方式。

农户以土地使用权入股农业产业化龙头企业

农户入股后得到一定的股份分红收益，农民同时可以从事其他劳动或者成为进城务工人员获取相应的劳动报酬，以此增加农民收入，龙头企业也从中获利。

农民直接以资金形式入股农业产业化龙头企业

农民以自有资金入股企业，获得企业股权，享受相应收益。农民的自有资金来自从事农业生产的收入、进城务工的劳动报酬或其他渠道。

农户以农业机械设备入股农业产业化龙头企业

机械设备适合大面积的农业耕种，小农户的农业机械设备会因为自己种植面积过小而难以发挥优势，设备利用率无法保障。入股企业后可以避免机械设备的资源浪费，农民也因为入股而增加收入。

农民以农业工人的形式入股农业产业化龙头企业

农民和龙头企业通过签订相关协议、合同，农民变为龙头企业员工，企业为员工发放工资。农民可以获得工资性收入和土地使用权收益，企业可以因为规模效应获得更多利润，农民和企业实现双赢。

农民以科技知识形式入股农业产业化龙头企业

具有特殊农业种植、养殖知识的农民可以以知识产权的形式入股龙头企业，企业吸收农民的相关先进技术和知识。

原来的生产模式生产

农户按照自己原来的生产模式生产，生产之前与农业产业化龙头企业签署合作协议，农户的农业生产和经营销售按照签订的协议执行。

政府在农业产业化龙头企业和农户合作的过程中发挥着重要作用。尤其是涉及利益分配方面的问题，促进了龙头企业和农户的有效合作。具体而言，政府保证了龙头企业和农户双方的合法利益，构建了合理的利益分享机制，保证双方利益分配合理。只有双方都实现盈利，才能保障合作有序开展。政府解决了风险分担问题，保证了企业和农户双方都承担相应风险，并成立风险基金。在出现市场风险时，由此弥补各方损失，有效地降低风险。政府还通过法律保障龙头企业和农户的合法权益，规范合作合同，建立良好的法律环境，确保合同高效执行，形成合作共赢的利益联结机制。

三 农业产业化龙头企业的发展效果

农业产业化龙头企业的发展促进了农业科技创新的进步。大多数的农业产业化龙头企业都拥有自主知识产权的核心技术，不断提升科技创新的水平。部分龙头企业已经掌握了国内外先进技术，甚至达到国际领先水平，为我国农业科技水平的提高创造了良好的环境，起到了带动作用。

农业产业化龙头企业开拓了国际农产品市场，增强了竞争实力，解决了农户小生产面对大市场的难题，注重国内、国际两个市场的并行发展，加大了市场开拓力度。龙头企业还注重品牌建设，走品牌化经营道路，以提高农产品的市场竞争力，推动了农业产业化发展。

四 农业产业化龙头企业的发展现状

2012 年，国务院出台的《关于支持农业产业化龙头企业发展的意见》明确了扶持龙头企业发展的政策措施。截至 2013 年年底，我国各类龙头企业有近 12 万家，其中，种植业大约占 46.9%，畜牧业大约占 27.4%，水产业大约占 6.6%。以龙头企业为主体的各类产业化经营组织辐射带动了全国 40% 以上的农户和 60% 以上的生产基地。

考虑到地域农业产业化经营的状况，在评定国家级龙头企业时的认定标准有所差异。国家级重点龙头企业代表了各个地域中的最优水平。国家级重点龙头企业的地域分布从华北到西北呈现明显的正态分布，与我国地域经济发展情况基本一致。国家在认证国家级重点龙头企业时充分考虑了不同地区农业经营水平的差异，以保证国家级重点龙头企业在地区间的合理分配。龙头企业依托生产基地建设，拓展品牌市场，调动了农户的生产积极性，带动农民增收，辐射范围逐渐扩大。

具体而言，自然资源、经济状况等原因导致我国东部地区的农业产业化经营发展速度较快，比中部、西部地区规模更大，影响更广。东部地区起步较早，发展较快，从当地的优势资源、技术、人力等方面确定了主导产业，形成商品基地，逐渐扩大规模，形成具有地方特色的农业布局，如山东的蔬菜、肉类，浙江的草莓、蜂产品、淡水产品等。

中部地区产业化经营也迅速发展，主导产业逐步形成，如河南西峡县的果、药，湖北京山县的蛋鸡产业等。农业结构调整取得一定进展，商品基地的建设由"一乡一业""一村一品"逐渐发展为以主导产业为支柱的产业带基地，农业产业化龙头企业的辐射力度逐渐增强，特色农产品的发展也粗具规模。

西部地区逐步形成了特色优势产业，如新疆的红色产业（红花、葡萄、番茄等）、白色产业（棉花），四川的生猪、马铃薯，内蒙古的牛奶、羊绒等。由于传统农业种植观念相对保守落后，农牧民受教育水平较低、青壮年劳动力大量流失、投资环境薄弱、基础设施落后、资金支持缺乏等各种因素的制约，西部地区的生产方式比较粗放，农业的弱质产业性质更为强烈，农业产业化水平比东部、中部地区普遍较低，辐射和带动农户收入的增加值在全国水平线以下。

五 农业产业化龙头企业促进农业技术的推广

随着农业产业化的深入发展，不断涌现的农业产业化龙头企业形成了以此为主导的农业技术推广体系。农业产业化龙头企业发挥专业化、社会化和农科教一体化的协同优势，从多角度提高生产经营和劳动力的整体素质，并且在农业生产的各个环节广泛应用科学技术，以提高农产品的科技含量。农业产业化龙头企业借助自身的专业化技术知识和消费网络，将相关的农业技术传播给农户，并将技术知识应用于实际农业生产经营，转变了农业发展方式，促进了农业现代化进程。

农业产业化龙头企业与农户联系密切，形成利益共同体。在此过程中，龙头企业采用一系列先进技术手段，提高了农业现代化水平和农业生产效率，降低了劳动监督的费用和难度，将农业生产技术、知识和管理经验分享给农民，与农民一道实现农业产业化的目标。农业产业化龙头企业在生产经营过程中与很多相关的上、下游企业有业务往来，在此供应链上各个节点的合作关系对农业生产经营技术的推广有重要的推动作用。具体来说，农业产业化龙头企业与相关领域的生产经营企业、政府部门、科研院所都有联系，具有创新能力的研发成果构成整个农业技术推广链上的源头，农技知识以此为开端向农户扩散。农业产业化龙头企业在此过程中保证了农业生产经营技术的有效扩散，对涉农供应链进行了高效管理，在日常管理、企业内部流程、品牌形象管理、储备与销售方面实现了规范化和流程化。

在这种一体化的经营模式下，龙头企业和农户有共同的盈利目标，双方共同构成农技推广的动力源。龙头企业期望农户生产的农产品品质更高，因此会将高品质种子、优质化肥等推荐给农户，也会向农户传授先进的农业科技成果。当农户生产经营出现问题时，龙头企业进行技术支持，帮助解决问题；农户为了增加收益会种植市场行情更好的农产品，会主动使用高质量种子，应用现代化种植技术。二者合力推动农业生产经营技术的推广，保证先进技术的转化率，带动相关人员知识和科技素养的提高，促进农产品的规模化和标准化生产。

农业产业化龙头企业采用连锁经营拓展市场，具有规模优势和品牌优势。龙头企业有实力在市、县设立管理站，再以此为扩散源，形成连锁经营模式，以降低成本，提高品牌效益，并保证相关技术服务和农业资讯及时传递到农户手中，以利于收集相关反馈信息和技术改进。连锁经营的方式使得农业产业化龙头企业融入农村生活，建立基层农业推广站，及时了解对应区域内农户对农业技术的需求，促进了双方的沟通和交流以及龙头企业对地方农户的依赖，这样双方合作关系就会更加稳固，农民也因此学习更多有用的农业技术。

农业产业化龙头企业与农户共同获得利益，从而促使二者相互合作。共同利益的来源是知识溢出所创造的价值增值。各个成员获取知识的能力越强，知识链上的成员获得的收益就越多。知识链上的成员相互影响也促使龙头企业吸纳更多农户进入农技推广体系，并在产前、产中、产后各个环节进行指导。除此之外，没有参加农业产业化龙头企业农技项目的农户也能享受农技推广的部分好处，农民的知识水平因此得到提高，交易成本降低，合作关系进一步增强。

六 农业产业化龙头企业发展存在的问题

我国农业产业化龙头企业大部分分布在东部地区，中部、西部地区数量较少，地域间发展不平衡。

政府对龙头企业的扶持也有待规范。虽然各地出台了很多扶持龙头企业的优惠政策，但是落实得不够。政府对龙头企业的支持大多停留在资金层面，人才、科技等方面的支持较少。

农业产业化龙头企业与农户的利益联结机制不够完善。部分龙头企业通过合同农业、订单农业等利益联结机制与农户建立了经济关系，企业和农户都追求自身利益最大化，契约关系不够稳定。当市场价格高于契约价格时，农户不愿意将农产品卖给龙头企业：当市场价格低于契约价格时，龙头企业不愿意大量收购农产品，从而造成双方较高的违约率。还有一些龙头企业与农户只是市场买卖关系，双方没有稳定的供需关系，要么龙头企业不愿意收购农产品导致农户农产品难卖，要么农户惜售导致龙头企业的原材料得不到保障，因此有效的利益联结机制难以很好地形成。

我国的社会化服务体系无法满足农业产业化龙头企业的需求。由于我国的土地流转市场、农业科技市场等服务市场体系不够健全，完成交易需要花费很大气力，企业在科技、人才战略方面还需要不断完善。土地流转市场的不健全使得龙头企业建立生产基地时未能广泛征求当地农户意见，与政府的直接谈判，在客观上忽视了当地农户的权益，从而造成很多土地冲突问题。在金融支持方面，商业银行对龙头企业的贷款需求要求严苛，不利于龙头企业获得充足资金，龙头企业发展受到相应阻碍。

就农业产业化龙头企业自身而言，一些企业长期租赁农民土地，土地租金偏低。一些企业未将转租的土地投入农业生产，而是用于发展园艺、旅游业等，存在非农化、非粮化的现象。对于农业产业化龙头企业经营的大面积土地而言，其能解决就业的农村劳动力却是少数。虽然龙头企业与农户建立了利益联结模式，但是农民在龙头企业与农户的利益联结中处于绝对劣势，话语权不够，得到的增值收益很少。农业产业化龙头企业在一定程度上也改变了农民的生活方式，甚至改变农村社会的阶层结构。当农民的业主身份转变为企业雇工时，心理状态、行为方式和生活习惯都会发生较大的变化。此外，作为企业，农业产业化龙头企业以营利为目的，需要实现利润最大化，对土地的利用方式发生改变，可能会对土地肥力、生态环境和可持续发展造成破坏。龙头企业的经营风险可能会导致农民的土地租金受损，造成农业土地复耕难度大，以土地入股的农户在企业债务清偿时会遭遇法律难题。尤其是农产品加工类的龙头企业主要从事农副产品收购、加工和销售，季节性较强，需求量大，收购旺季时资金需求矛盾很突出，融资困难。

七 发展农业产业化龙头企业的有利条件

1. 农业产业化龙头企业具有丰富的自然资源

我国的自然地理环境为农业生产提供了很多可能性。不同地区可以因地制宜，发展支柱产业，打造特色农产品。此外，各地还具有丰富廉价的劳动力资源，农村大量的剩余劳动力能够大幅降低企业的用工成本。

2. 农业产业化龙头企业具有有力的政策支持

龙头企业加快农业产业化发展带动了农民增收，各级政府关注并扶持龙头企业。2000 年农业部等八部委颁发了《关于扶持农业产业化经营重点龙头企业的意见》，2009 年农业部与中国农业发展银行发布了《关于支持农业产业化龙头企业发展的意见》，从原料采购、设备引进、农产品收购、固定投资等各个方面给予龙头企业大力支持。一系列的优惠政策为龙头企业的发展提供了良好的政策环境。

3. 农业产业化龙头企业具有经济全球化机遇

随着经济全球化发展，农业产业化龙头企业走向国际有着大量的机遇。国外品牌进入中国市场，通过原材料本土化策略也给龙头企业带来巨大商机。若龙头企业能抓住机遇，迎接挑战，化解威胁，就能在全球市场中争得一席之地。

4. 农业产业化龙头企业拥有信息化契机

随着网络通信技术的快速发展，龙头企业有条件享受信息化带来的便捷。涉农网站、农村市场信息等逐渐丰富完善，为农业企业提供信息支持；农业产业化龙头企业也可以自建网站，丰富宣传方式，加大宣传力度，促进自身发展和壮大。

第三节　农业产业化龙头企业做大做强

“十四五”是开启全面建设社会主义现代化国家新征程、向第二个百年奋斗目标进军的第一个五年，我国将进入加快构建现代乡村产业体系、加快推进农业农村现代化、全面实施乡村振兴战略的新阶段。农业产业化龙头企业是引领乡村全面振兴和农业农村现代化的生力军，是带动乡村产业高质量发展的重要主体。

一　农业产业化龙头企业是乡村产业振兴的生力军

农业产业化龙头企业是乡村产业振兴的生力军，在乡村产业振兴中具有举足轻重的地位。

1. 保障国家粮食安全的担当者

农产品稳定供给是国民经济社会健康发展的重要基础。农业产业化龙头企业引导合作社、家庭农场共建原料基地，稳定市场流通秩序，有力保障了农副产品市场供应，县级以上龙头企业提供的粮油类产品占市场供给的 1/3，提供的“菜篮子”产品占市场供给的2/3。

2. 农业农村现代化的引领者

近年来，大型龙头企业持续加大科技研发投入，提升了产业链现代化水平。通过研发新技术、新装备、新产品，开展科技自主创新和协同创新，提升生产标准化程度，推行绿色生产方式，促进产业转型、升级和发展。

3. 农民就业增收的带动者

龙头企业一头连着农民，一头连着市场，通过产销订单、土地托管、资产入股等方式，带领小农户融入现代农业发展，有效带动了农民就地就近就业，让农民更多分享产业增值收益。

二 龙头企业在乡村产业高质量发展中起着示范带动作用

1. 发挥要素聚集的平台作用

龙头企业集聚了更多的资金、技术、人才、信息等要素，可优化要素配置、建设园区载体，带领各类农业经营主体共同开发乡村特色资源，打造乡村产业发展新高地。

2. 发挥产业融合的载体作用

龙头企业可担当农业全产业链的“链主”，跨界配置农业与现代产业要素，打通产业上、中、下游的各个环节，催生新产业新业态新模式，促进跨区域产业链融合，开拓乡村产业发展新空间。

3. 发挥创新驱动的引领作用

龙头企业能利用技术先进、实力雄厚等优势，加强研发投入和成果转化，提升技术装备水平，致力解决关键品种、关键技术、关键设备等问题，促进产业转型升级。

4. 发挥联农带农的中坚作用

龙头企业牵头组建农业产业化联合体，巩固契约式、推广分红式、完善股权式利益联结机制，能带动农民就业增收致富，激发乡村产业发展新活力。

三 农业产业化龙头企业的创新和亮点

1. 高质量发展促进龙头企业做大做强

龙头企业高质量发展的定位：一是提高龙头企业创新发展能力，构建体系化、组织化、任务型创新联合体。二是提高龙头企业数字化发展能力，加强对生产、加工、流通和服务等全链条数字化改造，提高乡村产业全链条信息化、智能化水平。三是提高龙头企业绿色发展能力，围绕碳达峰、碳中和目标，研究应用减排减损技术和节能装备，提升加工副产物综合利用水平。四是提高龙头企业品牌发展能力，打造一批具有国内、国际影响力的产品品牌。五是提高龙头企业融合发展能力，推动各类资源要素跨界融合、集成集约，形成特色鲜明、丰富多样、一二三产业融合发展的农业全产业链。

2. 创新探索联农带农模式

龙头企业在通过合同、合作等方式，采取“公司＋农户”“公司＋农民合作社＋农户”等形式带动农户的基础上，在联农带农发展中发挥其在农业全产业链中的引领带动作用，打造农民紧密参与的农业产业化联合体，探索农民收益共享的生产要素入股模式，推广农民广泛受益的农业社会化服务机制，拓宽农民多元发展的创业就业渠道，与农民建立稳定长效的利益联结机制，加快农民致富步伐。

3. 有力促进了农业科技创新与应用水平的提高

龙头企业不断加大研发投入力度，加快推广应用先进适用技术，为农业科技进步提供了物质保障和基础条件，为农业科技成果转化提供了有效平台。龙头企业中聚集了一大批从事科技研发和技术推广的农业科技人员，有力促进了区域优势产业和县域经济发展。各地涌现出一批主导产业突出、规模效应明显、组织化程度较高的龙头企业集群，不仅发展农产品加工，而且带动发展储藏、包装、运输等配套产业，培育了县域经济增长点。

第四节　申报、认定农业产业化龙头企业

一　申报农业产业化龙头企业条件

1. 企业组织形式

依法设立的以农产品生产、加工或流通为主业，具有独立法人资格的企业，包括依照《中华人民共和国公司法》设立的公司，其他形式的国有、集体、私营企业以及中外合资经营、中外合作经营、外商独资企业，直接在工商行政管理部门注册登记的农产品专业批发市场等。

2. 企业经营的产品

在企业中，农产品生产、加工、流通的销售收入（交易额）占总销售收入（总交易额）70% 以上。

3. 生产、加工、流通企业规模

生产、加工、流通企业规模如表 6–1 所示。

表6-1　生产、加工、流通企业规模

项目	东部地区	中部地区	西部地区
总资产	1.5亿元以上	1亿元以上	5 000万元以上
固定资产	5 000万元以上	3 000万元以上	2 000万元以上
年销售收入	2亿元以上	1.3亿元以上	6 000万元以上

4. 农产品专业批发市场年交易规模

农产品专业批发市场年交易规模如表 6–2 所示。

表6-2　农产品专业批发市场年交易规模

项目	东部地区	中部地区	西部地区
年交易额	15亿元以上	10亿元以上	8亿元以上

5. 企业效益

企业的总资产报酬率应高于现行一年期银行贷款基准利率；

企业诚信守法经营，应按时发放工资、按时缴纳社会保险、按月计提固定资产折旧，无重大涉税违法行为，产销率达 93% 以上。

6. 企业负债与信用

企业资产负债率一般应低于 60%；

有银行贷款的企业，近 2 年内不得有不良信用记录。

7. 企业带动能力

鼓励龙头企业通过农民专业合作社、家庭农场等新型农业经营主体直接带动农户。通过建立合同、合作、股份合作等利益联结方式，带动农户的数量一般应达到表 6–3 的要求。

表6-3　带动农户的数量

项目	东部地区	中部地区	西部地区
带动农户	4 000户以上	3 500户以上	1 500户以上

企业在从事农产品生产、加工、流通过程中，通过合同、合作和股份合作方式从农民、新型农业经营主体或自建基地直接采购的原料或购进的货物占所需原料量或所销售货物量的70%以上。

8. 企业产品竞争力

在同行业中，企业的产品质量、产品科技含量、新产品开发能力处于领先水平，企业有注册商标和品牌。

产品符合国家产业政策、环保政策和绿色发展要求，并获得相关质量管理标准体系认证，近2年内没有发生产品质量安全事件。

9. 农业产业化国家重点龙头企业申报条件

申报企业原则上应是农业产业化省级重点龙头企业。符合以上第1—3条、5—8条要求的生产、加工、流通企业可以申报作为农业产业化国家重点龙头企业；符合以上第1条、2条、4条、5条、6条、8条要求的农产品专业批发市场可以申报作为农业产业化国家重点龙头企业。

二 申报材料要求

申报材料

（1）企业的资产和效益情况须经有资质的会计师事务所审定。

（2）企业须提供资信情况证明。

（3）企业的带动能力、带动方式和利益联结关系情况须由县以上农村经营管理部门提供说明，应将企业带动农户情况进行公示，接受社会监督。

（4）企业的纳税情况须由企业所在地税务部门出具企业近3年内纳税情况证明。

（5）企业产品质量安全情况须由所在地农业或其他法定监管部门提供书面证明。

三 申报程序

农业产业化龙头企业申报程序

1. 申报企业直接向企业所在地的省（自治区、直辖市）农业产业化工作主管部门提出申请。
2. 各省（自治区、直辖市）农业产业化工作主管部门对企业所报材料的真实性进行审核。
3. 各省（自治区、直辖市）农业产业化工作主管部门应充分征求农业、发改、财政、商务、人民银行、税务、证券监管、供销合作社等部门对申报企业的意见，形成会议纪要，并经省（自治区、直辖市）人民政府同意，按规定正式行文向农业农村部推荐，并附审核意见和相关材料。

四 农业产业化龙头企业认定

由农业经济、农产品加工、种植养殖、企业管理、财务审计、有关行业协会、研究单位等方面的专家组成国家重点龙头企业认定、监测工作专家库。

在国家重点龙头企业认定监测期间，从专家库中随机抽取一定比例的专家组建专家组，负责对各地推荐的企业进行评审，对已认定的国家重点龙头企业进行监测评估。专家库成员名单、国家重点龙头企业认定和运行监测工作方案由农业农村部向全国农业产业化联席会议成员单位提出。

国家重点龙头企业认定程序和办法

1. 专家组根据各省（自治区、直辖市）农业产业化工作主管部门上报的企业有关材料，按照国家重点龙头企业认定办法进行评审，提出评审意见。
2. 农业农村部农业产业化办公室汇总专家组评审意见，报全国农业产业化联席会议审定。
3. 全国农业产业化联席会议审定并经公示无异议的企业，认定为国家重点龙头企业，由八部门联合发文公布名单，并颁发证书。

第五节　农业产业化龙头企业的政策补贴和税收优惠

一　政策补贴

耕地地力保护补贴

补贴对象为拥有耕地承包权的种地农民。如果农民将土地流转，一定要签订相关协议，没有签订协议的补贴将发给拥有土地承包权者。

适度规模经营补贴

用于支持农业信贷担保体系建设运营、农业生产社会化服务等方面。

农机购置补贴

用于农民和农业生产经营组织购买国家支持的先进适用农业机械。

优势特色主导产业发展补贴

用于支持区域优势、地方特色的农业主导产业发展，国家现代农业产业园建设等方面。

绿色高效技术推广服务补贴

用于高产创建、良种良法、深松整地、施用有机肥、旱作农业等重大农业技术推广与服务，基层农技推广体系改革与建设等方面。

畜牧水产补贴

用于畜禽粪污处理与资源化利用、南方现代草地畜牧业发展、优质高效苜蓿示范基地建设、畜牧水产标准化养殖及畜牧良种推广等方面。

农村一二三产业融合发展

用于农产品产地初加工、产品流通和直供直销、农村电子商务、休闲农业、农业农村信息化。

农民专业合作社补贴

用于税收优惠、金融支持、财政扶持、涉农项目支持、农产品流通、人才支持政策。

农业结构调整补贴

用于粮改豆、粮改饲、耕地休耕、重金属污染耕地修复及种植结构调整等方面。

新型职业农民培育补贴

支持符合条件的龙头企业开展中低产田改造、高标准基本农田、土地整治、粮食生产基地、标准化规模养殖基地等项目建设，切实改善生产设施条件。国家用于农业农村的生态环境等建设项目，要对符合条件的龙头企业原料生产基地予以适当支持。

二 税收优惠

暂免征收企业所得税条件

（1）经过全国农业产业化联席会议审查认定为重点龙头企业。

（2）生产经营期间符合《农业产业化国家重点龙头企业认定及运行监测管理暂行办法》的规定。

（3）从事种植业、养殖业和农林产品初加工，并与其他业务分别核算。

第六节 现代农业产业化品牌管理

一 树立正确的品牌经营理念

品牌是广大消费者对一个企业及其产品过硬的产品质量、完善的售后服务、良好的产品形象、美好的文化价值、优秀的管理结果等所形成的一种评价和认知，是企业经营和管理者投入巨大的人力、物力，甚至几代人长期辛勤耕耘建立起来的与消费者之间的一种信任。

(1)农业品牌：指农业生产经营者在其产品或服务项目上使用的用以区别其他同类和类似产品与服务的名称及其标记。

(2)农业品牌化：指对整个农业经济领域的投入品和产出品进行品牌注册、品牌整合、品牌战略实施、品牌价值评估和强势品牌带动推进的过程。

(3)农业品牌化建设：指政府运用法律与政策为完成长远的农业发展目标任务而采取的农业品牌运作方面的主要行动。其注重的是农业品牌使用的基本方向、主要步骤和主要行动，关系到人力、物力等资源的应用方向，以期最大限度地达到预定目标。

二 农业品牌内容

- 品牌的核心价值，这是品牌生存发展的基础。
- 品牌的识别系统，这是品牌的外在形象，也是品牌内涵和价值的外在表现。
- 品牌的模型，或者是说品牌的形象。
- 品牌的延伸和理性扩张。
- 品牌的规范化管理。

三 农业品牌分类

（1）农产品品牌：是指包括机械、化肥、种子等属于生产资料的农业产品品牌。如大华、神农基因等种子品牌。

（2）农业企业品牌：如首农集团、顺鑫农业、新希望、大北农等。

（3）农业区域品牌：因所生长的地理、气候不同而不同，承载着特定的自然禀赋和历史文化，这是农产品与生俱来的属性。如阳澄湖大闸蟹、宁夏枸杞、洛川苹果、库尔勒香梨、武乡小米、新平冰糖橙等。

四 农产品品牌认证体系

（1）无公害农产品认证；

（2）绿色食品认证；

（3）有机农产品认证；

（4）原产地域产品标志；

（5）地理标志认证。

无公害农产品

绿色食品

有机农产品

农产品地理标志

五　实施农业品牌化战略的意义

加强农业品牌建设是建设现代农业、转变农业发展方式的迫切需要

农业品牌化是农业现代化的一个重要标志。农业品牌化的过程就是实现区域化布局、专业化生产、规模化种养、标准化控制、产业化经营、品牌化销售、社会化服务的过程，就是用工业化理念发展农业的过程。

加强农业品牌建设是适应社会消费升级的迫切需要

随着城乡居民收入的增加和生活条件的改善，人们不仅要求吃得饱，而且更关注安全、关注营养与健康。大众对农产品的消费正逐渐由商品消费向品牌消费转变，品牌信誉正成为农产品消费的主要取向。

加强农业品牌建设是促进农民增收的迫切需要

近年来，区域性、季节性、结构性鲜活农产品滞销卖难时有发生。没有品牌的产品容易滞销卖难。

加强农业品牌化是提高农产品质量安全水平和竞争力的迫切要求

我国农业的国际化进程明显加快，面临的国际竞争压力进一步加大。通过推进农业品牌化，重点培育和打造农业名牌，以利于促进农产品质量安全整体水平的提高和一批具有国际竞争优势的品牌农产品的形成。

六　如何创建农产品品牌

建立农产品品质的差异性

产品品质的差异性是建立品牌的基础，只有在农产品品质上建立差异性，才能建立起真正的农产品品牌。

（1）生产品种优化：不同的品种决定了不同的有机物含量和比例。

（2）生产区域优化：即使许多农产品的同一品种，在不同的区域其品质也相差很大。

（3）生产方式优化：不同的农产品生产方式直接影响农产品品质。

（4）营销方式优化：营销方式是农产品品牌发展的基础。

积极进行农产品商标的注册和保护

（1）商标是农产品的一个无形资产。

（2）商标是商品生产者和经营者为使其产品与其他同类或相似产品相区别而附加在产品上的标记。它由文字、图形或其组合而成。

（3）注册商标是农产品取得法律保护地位的唯一途径。

搞好市场营销，促进名牌形成

再好的商品如果不进行强有力的宣传，就难以被社会公众认知，更难成为有口皆碑的品牌。

（1）加大广告投入，选择好的广告媒体。

（2）改善公共关系，塑造品牌形象。

（3）注重产品包装，抬升产品身价。

依靠科技，打造品牌

创建农产品品牌，需要在产前、产中、产后各环节全方位进行科技攻关，不断提高产品的科技含量。

（1）围绕市场需求在农作物、畜禽、水产的优良、高效新品种选育上重点突破。

（2）围绕新品种选育，做好与之相配套的良种良法的研究开发与推广工作。

（3）围绕产后的保鲜、储运、加工、包装、营销等环节，开展相应的技术攻关。

（4）围绕国际市场，注重技术引进，积极引进国外新品种、新技术、新工艺，并通过技术嫁接，推动国内品牌的创建。

第七节　新常态下农业产业化龙头企业的功能

一　促进一二三产业融合发展

作为第一产业，农业不仅产品附加值较低，而且风险也比较大。促进农业的健康稳定发展，必须跳出农业看农业。通过延长产业链条，突破第一产业的限制，“接二连三”发展农产品加工和销售，拓展农业多种功能，将农业发展的不确定性内化于产业链整体之中，从而提高农业效益、降低农业风险。农业产业化经营通过整合产业链、提升价值链和拓展多功能，能有效促进一二三产业融合互动发展。

1. 整合产业链

产业链整合是指对产业链进行调整、协同、组合和一体化的过程。其包括横向整合、纵向整合以及混合整合三种类型。

2. 提升价值链

通过农业产业化经营，发展农产品加工、流通和各种服务，创新商业模式；依托产业链条上的各类主体，通过利益联结机制，将农户、合作社、龙头企业、流通企业以及消费者紧密地联系在一起，以有效提升产业价值链，让各相关主体分享产业增值的收益。

3. 拓展多功能

突破传统的产加销一体化模式，将产业化的内涵拓展到更加广阔的领域，如休闲观光、农事体验、文化传承、生态保护等，实现经济效益、社会效益和生态效益的有机结合。

二　促进新型农业经营体系构建

1. 孵化和培育新型农业经营主体

发展农业产业化经营，通过龙头企业的引领，以“公司＋农户”的组织模式为基础，龙头企业将现代的经营管理理念和先进适用技术传授给农民，提高了他们的综合素质和劳动生产率，扩大了生产经营规模，带动了农户的发展和壮大，催生形成了一批专业大户和家庭农场；龙头企业通过引导农户联合成立农民合作社，或参与领办、创办合作社，为合作社提供质量体系建设、技术指导、市场开拓和资金支撑，打造了一批组织化水平高，凝聚力、向心力强，服务功能完善的农民合作社。在龙头企业的引领和产业化经营方式的作用下，培育和形成小农户、专业大户、家庭农场、农民合作社、龙头企业等多元经营主体，为构建新型农业经营体系提供主体支撑。

2. 融合家庭经营、集体经营、合作经营和企业经营等多种经营方式

通过农业产业化经营，以产业链为主线，通过“公司＋农户”“公司＋合作社＋农户”“公司＋集体经济组织＋农户”等组织模式，可以将不同主体联结起来，生产商品农产品，以实现生产加工销售的有效连接；以要素优化配置为途径，发挥家庭农场、集体经济组织、农民合作社、龙头企业在生产要素方面的各自优势，实现资源利用和经济效益的最大化；以利益为纽带，采取订单收购、利润返还、股份分红等多种形式，让各类主体合理分享产业链的增值收益。

3. 促进新型农业社会化服务体系发展

新型社会化服务体系发展的方向和重点是经营性服务组织。在经营性服务组织中，龙头企业实力雄厚，与农户、合作社等长期合作，在提供服务上具有质量优、针对性强、供需对接顺畅等优势，是新型农业社会化服务体系的骨干。龙头企业要继续通过为农户提供农资销售、农机作业、统防统治、生产技术指导、产品销售等统一服务，解决一家一户办不了、办不好、办起来不划算的事情。在新形势下，龙头企业还需要继续充分发挥自身的资源优势，不断探索贷款担保、风险防范、财务管理、商务咨询和经营模式辅导等新的服务方式，在新型农业社会化服务体系中承担更多、更重要的责任。

三 推动农业转型升级

1. 促进先进技术和优秀人才导入农业

随着龙头企业的不断发展壮大，通过发展订单农业，向农业输出新技术、新工艺，向农民输出标准化生产方式，培养和造就了一大批新型职业农民。依托其稳定的生产工作条件和广阔的发展前景，吸引了一大批优秀人才加盟，参与农业产前、产中、产后各环节，成为各类人才和先进适用技术进入农业的有效渠道。将先进的技术教给农民，将工业化的生产理念应用于农业，将优秀的人才留在农村，从而缓解了农村人才快速流失的局面，培养一大批懂技术、会经营、善管理的新型职业农民，提高了农业生产经营人员的水平和素质。

2. 推动资本和技术集约型农业示范推广

随着工业化和城镇化的持续发展，农村劳动力拥有的非农就业机会越来越多，其从事农业的机会成本在不断提高。通过龙头企业率先应用最新科技成果，改进生产工艺，建设高效的产加销一体化生产服务体系，推动农业生产由劳动密集向资金和技术集约的方向转变，进而提高土地产出率和劳动生产率，增加农业经营的效益。

3. 引领农业商业模式创新

由于当前的农产品市场总体是一个买方市场，农产品不仅面临国内的激烈竞争，而且随着对外开放程度的加深，国际竞争也越来越大。龙头企业逐步探索出定制农业、特许加盟经营、电子商务营销、会员直供直销等多种模式，以顺应消费结构的升级和消费习惯的改变，引领农业生产经营方式的创新。

四 保障农产品质量安全

推进农业产业化经营，实现农业的区域化布局、规模化经营、标准化生产和企业化管理，为保障农产品有效安全供给建立了有效机制。特别是强调龙头企业的责任主体作用，发挥龙头企业保障质量安全的主动性能，为保障农产品质量安全提供有力支撑。

在农业产业化经营模式下，龙头企业就自然成了质量安全的责任主体，从机制上解决了质量安全事件无法追踪溯源的问题。从这个视角来看，龙头企业保障质量安全与企业健康持续发展具有内在统一性，其具有保障质量安全的内生动力。

在生产组织上，龙头企业建立高标准生产基地，统一投入品使用、生产技术和工艺，杜绝违禁化肥、农药、兽药进入农业生产环节，从源头上保障农产品的质量安全。在质量追溯上，龙头企业可以指导农户做好农产品生产记录，定期监测产地环境，建立完善基地生产档案，构建农产品加工和流通标准化生产体系，强化质量安全责任制，通过定量包装、标识标志、商品条码等手段，建立“从田头到餐桌”的质量可追溯机制。

五 发展县域经济和小城镇建设

党的十八届三中全会明确提出，坚持走中国特色新型城镇化道路，推进以人为核心的城镇化，全面放开建制镇和小城市落户限制，推动大中小城市和小城镇协调发展、产业和城镇融合发展。从以上表述可以看出，县域经济和小城镇将是未来城镇化发展的一个重点。农业产业化具有集聚产业和就业的作用，支撑着县域经济和小城镇的产业发展，促进了产业和城镇融合发展，具有县域经济和小城镇发展引擎的作用。

1. 开发和利用农村优势资源

我国各地有着不同的自然、经济和社会条件，大部分县域都拥有具有地域特色的农业资源、独特的传统文化资源和丰富的人力资源。通过农业产业化经营，充分利用龙头企业在信息、技术和品牌、渠道等方面的优势，找准当地资源和市场对接的着力点，有利于开发当地优势资源，发掘农业多种功能，发展特色农产品、休闲农业、生态旅游和农耕文化产业，推动资源变产品、产品变商品、商品变名品。

2. 培育和壮大农业主导产业

农业产业化经营是培育壮大县域经济和小城镇主导产业的有效途径，通过龙头企业带动，建设规模化、标准化原料基地，发展农产品加工以及贮藏、包装、运输、营销等配套产业，将产前、产中、产后各环节有机统一起来，可以形成完整的产业体系。通过引导龙头企业向优势产业和优势产区聚集，促进产业链条纵向延伸和横向扩张，形成企业分工明确、协调配合、资源共享、优势互补的产业运行体系，发挥企业集群规模效应，形成区域经济增长极；龙头企业的集群发展可以加快信息、金融、咨询等相关服务业发展，吸引人口向集聚区集中，带动文化、教育、卫生等社会事业和餐饮娱乐等服务业发展，以利于推动城镇化建设。

3. 促进区域间产业转移

虽然当前东部地区经济快速增长，但暴露了资源约束加剧、经营成本增加、竞争日趋激烈等突出问题。产业转型升级的要求越来越迫切，尤其是龙头企业面临的土地资源和劳动力成本的约束更为突出，从而导致东部龙头企业把目光投向广大中西部地区，区域间的产业转移加速。在这种背景下，中西部地区要充分发挥资源优势和政策优势，改善基础设施和生产条件，主动承接东部地区产业转移，加强区域间联合与合作，以加速中西部地区县域经济和小城镇的发展。

第七章

农业社会化服务

第一节　农业社会化及农业社会化服务体系概述

一　农业社会化的含义

农业社会化的概念

农业社会化是指农业由孤立的、封闭的生产方式，转变为分工细密、协作广泛、开放型的生产方式的过程。农业社会化是传统农业向现代农业转化的重要标志之一。

农业社会化是现代农业的重要标志和组成部分，是实现现代农业的支撑手段。一方面，农民在实际生产经营过程中受自身能力素质的限制对社会有所依赖。市场经济的发展和社会开放程度的提高带动着农业、农村向现代农业和城市生活过渡，分散农户进入开放的全球化市场经济，参与社会化分工和合作。另一方面，农业生产的专业化和规模化不断提高，其他社会经济部门逐渐参与农业生产经营，更多的人从农业生产中分离出来，流向二、三产业。农业生产对外部资本、技术、市场环境和政策的依赖程度增强，农业生产经营的高效运转需要其他社会经济部门的参与和支持。

通过农业社会化，能够将分散农户组织起来，将小农生产经营纳入现代农业发展；通过分工协作发挥规模效应，有效转化农业科学技术，实现农业机械化，增加农业综合生产能力，推动农业的专业化、设施化和机械化，实现城乡统筹发展，建设和谐社会。

二　农业社会化的特征

主要特征

- 农业社会化建立在社会分工深化的基础上。
- 农业社会化建立在广泛社会协作的基础上。
- 农业生产社会化建立在农业系统对外开放的基础上。

三　农业社会化服务体系的含义

农业社会化服务体系的概念

农业社会化服务体系是农业分工扩大的结果，是农业生产经营商品化和市场化发展到一定程度的表现，是为农业生产提供社会化服务的成套组织机构和方法制度的总称。

农业社会化服务体系是以乡村集体或者合作社经济组织为基础，以专业的经济技术部门为依托，以农民自办服务为补充，运用社会各方面的力量，使经营规模相对较小的农业生产单位适应市场经济体制的要求，克服自身规模较小的弊端，争取获得大规模的生产效益的一种社会化的农业经济组织形式。它是农业社会化服务单位、服务内容和服务方式三个方面的统一。

第二节　农业社会化服务体系的内容

一　农业社会化服务体系的构成要件

农业社会化服务体系的基本构成要件

- 农业技术推广体系
- 动植物疫病防控体系
- 农产品质量监管体系
- 农产品市场体系
- 农业信息收集和发布体系
- 农业金融和保险服务体系

二　农业社会化服务体系的组织结构

与农业相关的社会经济组织包括政府公共服务机构，农村自发形成的农业专业合作经济组织，农业产业化龙头企业、科研教育单位以及其他社会服务组织。政府公共服务机构包括政府行政部门、各级基层政府、乡镇级派出机构、村级集体组织等，一般会提供基础设施建设服务、技术推广服务、资金投入服务体系，提供信息、政策和法律支持服务等。

农业社会化服务体系提供的各种服务包括农业产前、产中、产后的全面、系统、一体化的服务。如产前的生产资料供应（种子、化肥、农药、薄膜等），产中的耕种技术、栽培技术、病虫害防治技术等技术服务，以及产后的销售、运输、加工等服务。

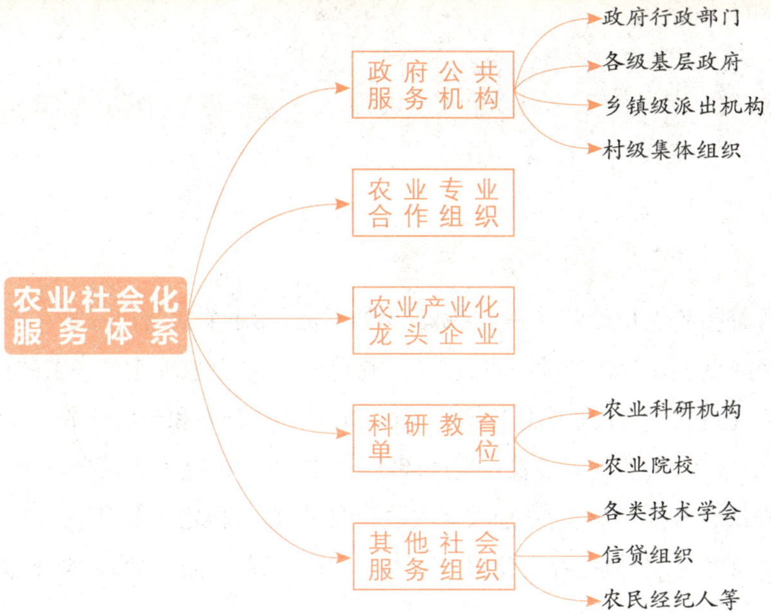

三　农业社会化服务体系内部结构的关系

政府公共服务机构指导调控农村专业合作组织、农业产业化龙头企业、科研教育单位和其他社会服务组织，主要提供公益性服务，补充提供市场化服务。农村专业合作组织主要提供互助性服务，补充提供公益性服务。农业产业化龙头企业主要提供市场化服务，补充提供农技服务。科研教育单位主要提供农技服务，补充提供公益性服务。其他社会服务组织主要提供互助性服务，补充提供市场化服务。

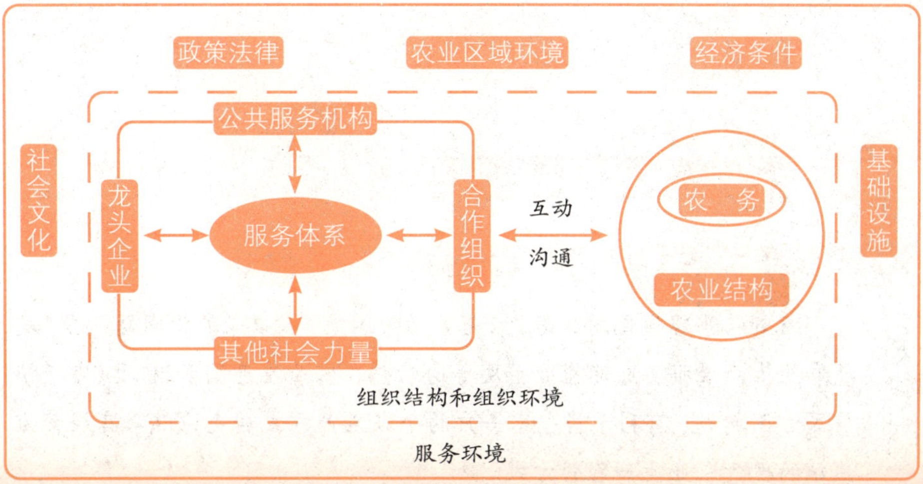

第三节 农业社会化服务体系发展的必要性

一 农业社会化服务体系的功能

（1）弥补传统农户经营单一、规模较小的不足，帮助农民解决一家一户办不好的事情，从而降低农业生产经营成本，提高资源利用率，实现农业生产经营的科学性。

（2）将先进技术、农业信息传递给农民，在产前、产中和产后环节为农业生产提供各方面的服务，帮助其解决农业生产产前、产中、产后的技术和信息难题。

（3）降低农业生产成本，增加农业收益和农民收入，稳定农业发展。

（4）弥补单一、分散的社会化服务成本高、效率低的不足，提高社会化服务效果。

二 发展农业社会化服务体系的必要性

满足农业社会化服务的需求

随着农业现代化的加速，农村劳动力流失、人口老龄化问题凸显，发展农业生产性服务业能有效解决普通农户在农业生产技术、机具、市场销售等方面问题，有利于将一家一户的小农生产方式转变为以家庭经营为基础的现代农业生产经营方式。

推进多种形式适度规模经营的迫切需要

根据自身情况和需求，农户有选择性地选择服务组织提供的专业化服务，能满足农户从事农业生产和家庭经营的需求，让广大农户共享规模化收益；通过统一化服务、连片化种植、规模化饲养，形成服务型规模经营，是实现农业规模经营的一条重要途径。

促进农业增效和农民增收的有效手段

通过发展农业生产性服务业，集中采购农业生产资料，推广标准化生产，同时发挥农业机械装备的作业能力和分工分业专业化服务的效率，降低农业生产作业成本，可提升农产品单位面积的产量和农产品品质，从而实现农业节本增产增效，农民增收致富。

建设现代农业的重要组成部分

农业生产性服务业通过服务组织可以将现代化的生产要素有效导入农业，实现农户生产与现代生产要素的有机结合，从而转变农业发展方式，提升资源要素配置效率，增强农业质量效益和竞争力。

第四节　农业社会化服务体系发展现状

我国以家庭承包经营为基础、以公共服务机构为主导，多元化和社会化的市场主体广泛参与的新型农业社会化服务体系不断完善；各农业社会化服务主体在农业产前、产中、产后的服务上与农民经营有机结合，创新发展了很多有效的农业社会化服务模式。

一　公益性农业社会化服务体系建设不断完善

我国公益性农业社会化服务主要由农业技术推广服务体系、动物疫病防控体系和农产品质量认证体系三部分组成。

公益性农业社会化服务

农业技术推广服务体系	动物疫病防控体系	农产品质量认证体系
按照行政体系建立了从中央到地方的较为完善的农业技术推广体系	动物疫情防控体系逐步建立并日渐完善，从纵向看，防控体系主要包括国家、省、县、乡镇四级	基本形成了产品认证为重点、体系认证为补充的农产品质量认证体系。在产品认证方面，开展了无公害农产品认证、绿色食品认证和有机食品认证

二 经营性农业社会化服务组织初具规模

经营性社会化服务组织是社会化服务体系的重要组成部分。龙头企业涵盖农产品收购、流通、加工等产前、产中、产后各环节，通过积极为基地农户提供农资供应、技术指导培训、农机作业、疫病防治、产品收购、仓储运输、贷款担保、市场信息等服务，提高了农户生产经营水平，同时发展了“公司 + 基地 + 农户”“公司 + 合作社(协会)+ 基地 + 农户”“公司 + 政府机构 + 基地 + 农户”“公司 + 村委会 + 基地 + 农户”等多种模式。

三 非营利性农业社会化服务组织基础作用日益显现

非营利性农业社会化服务主要由合作经济组织提供。合作经济组织所提供的内部服务是整个农业社会化服务体系的基础。通过参加合作经济组织，农户在保持自主经营和管理的基础上提升了抵御市场风险的能力。合作经济组织的产业，涉及种养、加工和服务业，涵盖粮棉油、肉蛋奶、果蔬茶等，并逐步扩展到农机、植保、民间工艺、旅游休闲农业等多领域。

四 有效供给能力较低

农业社会化服务可以概括为生产、金融、信息、销售四大类服务。其中，农业生产服务又可以分为产前、产中、产后三个阶段。产前包括农业生产资料购买服务、良种引进和推广服务。产中包括集中育苗育秧服务、机播机种机收等机械化服务、肥料统配统施服务、灌溉排水服务、疫病防疫和统治服务。产后包括农产品加工服务、农产品运输及贮藏服务、产品质量检测检验服务。目前农业生产社会化服务的普及度较低，仍处于较低发展水平，尚不能完全匹配各农业生产主体对农业生产社会化服务的需求。应加快建立“以公共服务机构为依托、合作经济组织为基础、龙头企业为骨干、其他社会力量为补充”的新型农业生产社会化服务供给体系，促进公益性服务和经营性服务相结合、专项服务和综合服务协调发展，增强农业生产社会化服务的有效供给能力。

五 正规金融支持尚待完善

在金融服务方面，不同类型的新型农业经营主体获得的金融服务存在显著差异。尽管新型农业经营主体拥有多元化的贷款渠道来满足融资需求，但是非正式私人借贷或人情借贷所占的比重突出，正规金融机构对新型农业经营主体的金融支持尚待完善。

六 信息服务供给与需求脱节

新型农业经营主体获得的信息服务、保险服务和销售服务比较有限。当前的新型农业经营主体信息供给模式以自上而下的政府主导模式为主。该模式的信息供给与新型农业经营主体的信息需求可能存在脱节，从而导致信息无效。

经营主体对农业保险购买的意愿不是很强烈，农业保险供给存在险种供给不足、缺乏专业组织、保险条款宣传不到位等诸多问题。

销售服务的供给没有普及，政府、合作经济组织等公益性质服务比重较大，而龙头企业提供的经营性服务却没能很好满足各类主体需求，存在改进空间。

第五节　农业社会化服务体系的发展

一　发展农业社会化服务体系的方法

多层级结合

鼓励农科教结合、农商结合、物技结合、政物结合等组成的大型承包集团走进农村，发挥其自身优势，推进农业的社会化服务。鼓励原材料产地和农产品加工企业直接联系，企业与集体经济组织和农户之间结成利益共同体，实现产供销一条龙服务，通过合同方式形成稳定的供求关系。

发展贸工农、产供销一条龙服务体系

贸工农、产供销一体化的经营方式是大势所趋，都是以市场为导向，实现生产、加工、销售的一体化经营。这种方式可以将国有、集体和个体经营有效联结在一起，突破所有制的界限；可以将不同地区的企业衔接起来，突破地域的界限，从而促进生产要素的优化组合和产业结构的调整，实现城乡之间的优势互补。

以竞争为动力，在竞争中求生存和发展

在合作经济组织、龙头企业、公共服务机构内部建立人员聘用、薪酬计量、绩效考核、经营管理等方面的规范和竞争机制，促进服务主体蓬勃发展。面向社会吸收高素质人才，提升农业社会化服务工作的优势和潜力，通过公开透明、科学合理的绩效考评机制兼顾经济效益和社会效益。各类不同服务主体提供的服务要向市场方向延伸，提高服务效果，服务较好才能占领市场，以适应市场供求和价格环境的变化。

建立合理的激励机制

鼓励参与农业社会化服务的人员提高服务技能，挖掘自身潜力；对积极配合的农户给予一定补贴和优惠，增强农民的参与意识。

建立合理的投入机制

坚持有所为有所不为，确保提供农户需要的服务。根据服务职能确定是否投入和投入力度，针对农业社会化服务现状确定投入领域和投入资金。

保持创新

只有在正确有效的创新机制推动下，农业社会化服务体系才能持续发展。在服务内容方面，要依靠科学技术，探索促进农业生产能力提高的服务项目；在供给模式方面，根据市场需求优化组合，调动可用力量，形成优质服务的产业发展链条；在管理模式方面，建立合理创新的人事管理制度、奖金分配制度，提高相关人员的创新能力。通过营造创新氛围，建立新型农业社会化服务体系。

大力发展现代农业信息服务

加强市场供求信息、价格信息等方面的预测和分析，对于有竞争力的农产品从产前、产中、产后关注全面信息，帮助提高产品竞争力。逐步建立农业信息商品市场，促进信息传播，实现农业信息商品的供需对接。

提高生产资料供应服务水平，完善配送模式

农资生产企业要摒弃自给自足的做法，合理配置资源，保证配送效率，加强企业管理。发展第三方外包型农资配送模式，利用第三方的专业优势，农资企业和农户都能享受到高品质服务。完善农资配送模式和配送体系，强化站点建设，培养专业人员，加大监管力度，建立区域性的农资物流配送中心。

二 建设农业社会化服务体系要注意的问题

建立大农业、大服务、大流通体系

大农业的关键是生产力；大服务要包括整个农业服务，包括农、林、牧、渔业，乡镇企业和其他的农村、农民生产生活配套服务；开展多渠道、多领域、多层次、多类型的农业社会化服务。

做好科技创新、技术服务

调动参与者的积极性，实行科技有偿服务，通过现代科技和增强商品经济意识，提高农业生产和服务水平，不断开拓创新，发展农村经济。

改变观念，调整结构，转换机制

拓宽服务领域，农村、农业流通实现市场化、社会化和现代化。打破地区和部门的界限，充分利用市场调节机制，将企业和农户组织起来，培育全国统一的大市场，形成强大力量。

联合与竞争并存

农业社会化服务涉及农民的切身利益，与农业、农村、农民相关的各个部门合理配合，既要联合，也要竞争；通过竞争取长补短，发展农业社会化服务体系。

鼓励投资，大力发展农业

企业是推动农业产业化的龙头，以农民为基础，以市场化、集约化、现代化的生产方式组织生产、加工和经营，是推动农业社会化服务体系和农业生产发展的新思路和新手段。

参考文献

[1] 李显刚.新型农业经营主体实践研究[M].北京:中国农业出版社,2018.
[2] 张晋华,刘西川.新型农业经营主体融资机制研究[M].北京:经济科学出版社,2018.
[3] 吴玉平,高益.新型农业经营主体带头人[M].北京:金盾出版社,2018.
[4] 赵冰.农业经营主体创建与发展[M].北京:中国农业科学技术出版社,2017.